通じ合うことの心理臨床 改訂版
保育・教育のための臨床コミュニケーション論

肥後功一

同成社

目　次

はじめに　子どもたちをめぐる"いま"に立ち会うために …… 9
　　──臨床コミュニケーション論という視点──

第1章　現代社会における大人－子ども関係 …………… 21

1. 「子育ての負担」ということ　21
2. 「空気」を吸って子どもは育つ　23
3. 現代社会における「大人－子ども」関係──その構造　27
4. 使用するモノの変化と関係の変化　33
5. 生活者はどこへ行ったのか　36
6. 私は遊ぶのが下手？　38
7. 日常に現れる家族の意味　43
8. 子どもの「耐性」ということ　47
9. 子ども理解の原点に　49

第2章　子育てで何が起きているか ………………………… 53
　　──保育・育児の現場をめぐる臨床コミュニケーション論──

1. 身を逸らす風景から　53

2. 身を寄せるコミュニケーション、身を離すコミュニケーション　55

3. 近感覚型コミュニケーション不全の時代　58

4. 「身溶かし」が困難な身体　62

5. 分け合わない暮らし　68

6. 社会性とは何か　71

第3章　学校における教師−子ども関係 …………… 77
──教育の現場をめぐる臨床コミュニケーション論──

1. 学校のなかの気流　77

2. 同じであること（同一性）と違っていること（差異性）　80

3. 教育とコミュニケーションの多義性　87

4. コミュニケーションが成立するということ　91

5. 教育の場における「出会い」の意味　95

6. 教育の場における共通理解　100

第4章　「気になる子ども」の理解と心理臨床 …………… 105
──障がいをめぐる臨床コミュニケーション論──

1. 「気になる子ども」の理解をめぐって　105

2. 保育者は「気になる姿」をどのようにとらえているか　113

3. 状況依存性から立ち上がる支援の手がかり　128

   4. 「気になる子ども」とのコミュニケーション　136

第5章　子どもの心の問題にどう関わるか …………………… 151

   1. 「すごす」という視点　151

   2. 存在そのものの自信から立ち上げる有能感　163

   3. 「枠」をめぐるコミュニケーション　169

参考文献 ………………………………………………………… 179

おわりに ………………………………………………………… 181

改訂版

通じ合うことの心理臨床

――保育・教育のための
　臨床コミュニケーション論――

はじめに

子どもたちをめぐる"いま"に立ち会うために
―― 臨床コミュニケーション論という視点 ――

　心理学を足場に、子どものいる世界（保育や教育、あるいは家庭や地域）と相談的な関わりをもちながら、子どもの発達や社会適応（保育所・幼稚園あるいは学校という集団へのなじみ）、あるいはその障がい（うまくいかなさ）をめぐる問題を研究のテーマにしてきました。私たち人間同士の日常的な通じ合えなさ――夫婦喧嘩、きょうだいの諍い、親子の気持ちのすれ違い、学校での子ども同士の対立、職場でのちょっとしたことから起こる人間関係の行き違いなど――そうしたことは多くの場合、通じ合えなさをどちらか一方の問題性に帰することができないということを、私たちはよく知っています。もちろん自身が当事者の一方であるとき、悪いのは相手の方だと非難したい気持ちは強いのですが、「人間関係は難しい」という言い方があるように、公平に見れば、「わかり合えない」という問題はまさに「合わない」問題なのであり、双方が一緒に作っている問題、すなわち「間」の問題、あるいは関係性の問題であることを、私たちはどこかで理解しています。

　にもかかわらず、保育・教育現場などで「困られている子ども」の問題について、私たちの側に生じた「通じ合えない感じ」は、ただちに子どもの側の発達上の問題（障がいや病気など）のために生

じるのではないかと考えられがちです。通じ合うために変わるべきなのは主として子ども（あるいはその保護者）の側であり、そのための治療的介入や発達支援が必要だという図式があまりにも当然のように受け入れられています。

もちろん今日、周囲の人間も含めた社会的環境の側が作り出している障がい（ハンディキャップ）が指摘され、これをなくしていく努力は行われていますが、人間の精神に関わるさまざまな障がいについて、その努力は必ずしも十分ではないし、熱心であるともいえない状況だと感じます。道でいきなり外国語で話しかけられたときに感じる戸惑いや通じ合えなさが、自虐的といってもいいほどに自身の能力のせいだと感じられ、変わらなければならないのは自分の側だと感じ、駅前に留学しようかと考えるのに比べると、劇的といってよいほどの違いでしょう。

通じ合えなさといっても、さまざまな場面があり、それぞれ異なる要因が関係していますので、それらを単一の理論や解法で考えようとすることはもちろん困難です。しかし、さまざまな通じ合えなさに個別の理論と解法を用意することもまた的外れであるように思います。そもそも人間同士が「通じ合う」という現象、通常コミュニケーションと呼ばれている過程は、どのような心的過程なのでしょうか。通じ合えないことにはさまざまな場面や異なる要因が関係している……といいますが、障がい児だから外国人だからといった相手の表面的かつ素朴な分類ではなく、心理学的に意味のある観点からどのように分類可能なのでしょうか。

そんなことを考えながら、脳に損傷が生じた成人のリハビリ病院

はじめに　子どもたちをめぐる"いま"に立ち会うために　9

を起点として、主にコミュニケーションに障がいがあるとされるさまざまな子どもの研究・相談機関、特別支援学校、特別支援学級、通級指導教室、重症心身障がい児といわれる人たちの施設、親の会活動、社会福祉法人の作業所、保育所、幼稚園、小中学校、高校……と、コミュニケーションの障がいをめぐって心理臨床の場を広げていくうちに、台風の目ははっきりと見えているものの、その渦の外縁は果てしなく大きい……そういうものに巻き込まれてぐるぐると回りながら次第に渦の外側へ向かっている自分に気がつきました。実際、この本の初版を書いた2003年頃の状況と比べても（その頃よりも声高にグローバル化が叫ばれている割には）たとえばネットいじめやヘイトスピーチなど、私たちの「わか合えなさ」をめぐる問題はさらに拡大しているように思われます。少し恐ろしくなって、ほんとうはこの渦の外に出たい気もしますが、おそらくそれには遅すぎるでしょう。ならばせめて、外側に向かうほどよく見える「渦の中心」というものを自分なりに描写してみたい……そういう気持ちで、いろいろな角度から私たちの今をめぐるコミュニケーションの風景を書きためてきました。子どもをめぐるコミュニケーションの問題について、そこから次第にわかってきたことは、概ね次のようなことでした（詳細は肥後 2000）。

①問題性をめぐる見方

　コミュニケーション関係を担う一方の主体が乳児や障がい児、あるいは適応に苦しさを感じる子どもであったり、他の子どもと異なる動きをする子どもであったりするとき、大人（関わり手）の側に

生じた「うまく通じ合えない感じ」は、多くの場合、子どものうちに在る問題性として「発見」される。
②コミュニケーションをめぐる見方

　コミュニケーションが成立するために必要なことは、問題をもつと見られた一方の側が「変わる」ことだけではない。またそれが必要条件でもない。むしろそうした見方から離れ、「通じ合えない」と感じた主体の側の見方や捉え方を変化させることの中から、または両者を別の枠組みに移動させることによって両者の関係が変化することによって共有が生まれ、それが「通じ合える」ことの糸口になっていく。
③能力や自立をめぐる見方

　子どもが何かを「できる」ようになること、その結果、自立の方向へと変化していくこと、これらのプロセスすべての流れがコミュニケーションの背後にあって影響を及ぼしており、通じ合える関係の成立全体に深く関わっている。

　コミュニケーションをめぐるこうした分析は、発達をめぐる保育や教育のシーンでコミュニケーションにつまずきを生じている障がい児を主に念頭に置いて書いたものでしたが、過疎、高齢化、少子化が進む島根県に在住するようになった20年ほど前からは、子育ての問題（育児不安、育児ストレス、子育て支援、児童虐待など）、保育や教育の場における「気になる子ども」の問題、さらに不登校を中心とした児童・生徒の対人コミュニケーションをめぐるさまざまな問題にも立ち会うようになりました。けれども多くの保育・教

育の場に立ち会えば立ち会うほど、それらに臨む際の「専門的な視点」が、甚だ危うい地盤の上にあることを痛感してきました。もちろんその第一の原因は、私自身の不勉強や能力不足による専門的な地盤の弱さなのですが、しかし、たとえそうでなかったとしても、今、子どもたちをめぐって起きているさまざまな問題——育児不安、児童虐待、いじめ、不登校、落ち着きのなさ、情緒不安定、対人関係の困難、子どもをめぐる大人同士の関係のこじれ、保育者や教師のストレスなど——に対して、どのような理論的枠組みで対処すればいいのか、心理臨床の現場には「潜在的な混乱」が内包されているように思われるのです。

　その一方で、保育・学校教育の現場さらに家庭教育の場など、子どものいる場における心理臨床への期待は大きく、専門家の端くれとしてその場に居ることに大きな責任を感じます。毎日といってよいほど、子どもに関するさまざまな相談が私たちのもとに、親から、保育者から、教師から持ち込まれます。そういう数々の子どもを思う真摯な気持ちを「ニーズ」と呼ぶことに私はためらいを感じます。これら多くの子どもを思う気持ちは、ほんとうは心理臨床の時空を突き抜けて、この私たちの生きる時空全体の構造に向けられるべきものではないでしょうか。心理臨床はその一部をしか見ることができないし、まして扱うことなどほとんどできないのですが、しかしどんなに微力でも、持ち込まれる一つひとつの問題と向き合っていくためには、それらが本来向かうべき時空というものを背後に見通しておくことも必要だと思うのです。

　子どもの問題に立ち会うためには、その問題が現象している場

の、空間的意味と時間的意味の両方を捉えなければなりません。しかも単に物理的な時空の意味だけではなく、それらの心理的再構成体としての表象世界を理解することが必要になります。その子どもが、いま、具体的にどんな場所で、どんな人との間で、どんな問題を引き起こしているのか。そのとき、子どもにはその場所がどんなふうに見え、周囲の人びとがどんなふうに感じられているのか。彼を支えているもの、脅かしているものは、具体的な事物・事象なのか、あるいはその向こうにあって彼の心が見ている何かなのか。またそのような彼を周囲の人々はどのように見ており、その見られていることを彼はどのように感じているのか……そうしたことを一つひとつ取り上げていくうちに、実は心理臨床といわれる相談的関係の多くは、結局、幾重にも張りめぐらされた外的／内的コミュニケーションのうちに、ほぼ完全に含まれてしまうものではないかと思うようになりました。

　たとえばフロイト（Freud, S.）によって作られた精神分析学という理論と治療の体系は、基本的には患者と分析医とのコミュニケーションです。フロイトが問題にしたのはほとんど言語コミュニケーションですが、ただ患者自身も「一人」ではなく、さまざまな自分を抱えてその葛藤の中にある、そんなコミュニケーションを描いたのでした。そこでフロイトが仮定した自我、エス、超自我という「3つの私」の構造さえ、「ことば」というものを軸に考えると、自我＝ことば、エス＝ことばにならないもの、超自我＝ことばになりすぎたもの（社会文化的に与えられたことば）、というように分けて考えることもできそうです。またロージァズ（Rogers, C. R.）

の提唱した来談者中心療法をはじめカウンセリングや心理療法の大方のものは、それが心理臨床家とクライアントとの二者関係を中心とするものである以上、やはりコミュニケーションとして捉えることができます。

　しかしながら今、心理臨床の原理的な土台となってきたそれらの理論を、保育・教育現場での子どもをめぐる問題にそのまま適用することには、当然ながら一定の難しさがあります。それは非常に大雑把にいえば、時代的・文化的背景の違いということになるのでしょうが、もう少し心理臨床の本質に引き寄せていうなら、ことばによるコミュニケーションというものの心理臨床における位置づけが、時代とともに大きく変化してきたことが深く関係しているように思われます。ことばはフロイトの生きた時代はもちろんロージャズの時代と比べてさえ、おそらくかなり後退してしまい、心理的葛藤を言語現象として描くことそのものが、実は困難になっているのではないか。もしそうだとすると、言語という心理的構成体を中心に据えて考えられた心理臨床の枠組みは、すでに次第に通用しないものになりつつあるのではないか。心理的構成体全体の布置を組み直すような理論体系が必要になりつつあるのではないか。そんな思いが強くなってきました。

　たとえば子どもたちとの話の中で、このごろよく出てくるセリフに"びみょ～"というのがあります。小学生から大学生まで、この"びみょ～"が流行しているようです。"びみょ～"とはもちろん「微妙」のことですが、実際に子どもたちと話をしていると、確かに漢字で「微妙」と表記すると伝わらないような（それこそ微妙

な）意味のズレを感じます。子どもたちはこの語を『細かい所に美しさ・問題点・重要な意味などが有って、単純な論評を許さない様子（新明解国語辞典 三省堂）』を表そうとして使っているわけではなく、むしろ問われている事柄について自分の気持ちを明確なことばにしないために、つまり「意味しないために」使っているように思われるのです。試しに小声で"びみょ〜"と発音してみましょう。唇を軽く横に引いたまま２度も合わせる「び」「み」という音を、最後に"みょ〜"と伸ばす、その口ごもるような音の組合わせが（どこか小動物の鳴き声にも似た発音が）子どもたちの心を引き寄せる……だから「微妙」ではなく"びみょ〜"なのだと私は思うのです。

　したいのか、したくないのか。欲しいのか、欲しくないのか。行きたいのか、行きたくないのか。こうした葛藤は結局のところ、する―しない、買う―買わない、行く―行かないという行動のどちらかを選択するしかありません。けれどそういう迷いや選択や葛藤はとても煩わしく面倒くさく、また現代においては格好悪いことでさえあります。迷ったり選択したり、何が自分の本心なのかについて真剣に葛藤することの手前で、自分の考えを保留するポーズをとること、ひとまずその場を逃げておくこと、自分の意志を明確に表明してしまうことによって負わねばならない対人的リスクから逃れること。そういう意識が働いた結果、口から漏れ出る「音」、それが"びみょ〜"という音のほんとうの意味ではないでしょうか。

　今、子どもたちの心の中には、そういう「ことばの手前で引き返してしまうものたち」がたくさん棲んでいるように思われます。自

分の思いをことばにした途端、たとえことばにならなかった部分がかなりあったとしても、その思いは捨てなければなりません。ことばになった部分はもちろん嘘ではないにせよ、それを口にするということは、自分が意図した以上に相手に対して「意味してしまう」リスクを背負うことであり、その意味では結果的に自分に対して嘘をついたり、自分のことばでありながら自分を傷つけることにもなるでしょう。コミュニケーションとは、その傷つきに耐えながら、それでも人とつながるために、ことばによって自らの思いを差し出す行為ともいえるのです。

　心理臨床はこうしたコミュニケーションの中に息づくことばの力に多くを負っています。ところがこのことばのコミュニケーションへの信頼が揺らぎ始めています。後に述べるように、コミュニケーションを考える上で非常に重要な特性の一つは「多層性」ということですが（第3章参照）、そうした特性がICTの発展によって増幅され、生身の人間同士の会話の裏に張りめぐらされた「もう一つのコミュニケーション世界」に私たちは縛られて生きています。ホンネとタテマエなどという単純な二分法などもはや通用しない、その意味ではコミュニケーションというものがもともと内包していた素の暴力的な姿が、ネット社会の出現によってむしろ率直に表現された現実世界に私たちは適応していくことを求められており、子どもたちの問題も心理臨床の専門性も、そうしたコミュニケーションを取り巻く今の姿に合わせていかなくてはなりません。子どもたちの多用する"びみょ〜"という音には、そういう今の時代に適応して生きねばならない彼らなりの本能的防衛の響きが含まれているよう

に思われるのです。

　臨床コミュニケーション論という聞きなれない語は、以上のような事情の中から考えられたものです。子どもの発達過程の中心をなし、人の心理過程の大きな部分を担っているコミュニケーションという現象。別々の肉体をもつ個々の人間が、どのようにして「通じ合う」「わかり合う」という感じをもちうるのか、「通じ合わない」「わかり合えない」状況にどのように関与し介入することが可能なのか。当然ながらコミュニケーションは代表的な学際的領域であり、哲学、認知科学、医学、情報工学など、さまざまな学問領域によるアプローチが可能です。本書のアプローチは主に保育・教育場面での子どもの支援を志す心理臨床のほんの一角からのものであるにすぎません。臨床コミュニケーション論の関心は、あくまで目の前で起こっている現実の問題、通じる―通じないをめぐる主体相互の関係のこじれ（第4章）、とりわけ保育や家庭（第2章）あるいは学校（第3章）で起こっている子どもの問題、あるいは大人と子どもの通じ合いをめぐる問題（第1章）にあります。また同時に、そのような問題に心理臨床がどのような角度から臨みうるのか、私たちの生きているこの時代の時空に届くような枠組みの模索（第5章を中心として）を試みました。

　こうした目論見の研究上の当否は、今後、多くの臨床例（保育・教育現場における相談的な問題解決への取組み）の中で検証されるべきものですが、子どもたちをめぐる問題と日々出会っていくためには、その完全な実証を待っているわけにもいきません。当面の臨

床をしのいでいくための理論的枠組みも必要ではないかという思いから、ここまでにたどり着いた試行錯誤をまとめて本書を上梓しました。結果的に、コミュニケーションという大きな渦の中心をうまく描写できているかどうか、その描写の視点が臨床上、有効なポイントであるかどうか、もちろん自信があるわけではありません。ただひたすら渦の流れに引きずられてしまったところもあるように思います。ともあれ本書で提起している臨床コミュニケーション論という視点がどの程度有効であるか、保育や教育の中で子どもの心と出会う仕事を重ねておられる方々のご判断に委ねたいと思います。

第1章
現代社会における大人−子ども関係

1.「子育ての負担」ということ

新米おばあちゃんの話

「お母さんの子育ての負担を少しでも軽くするために……」あるいは「共働き家庭における育児の負担を考えるとき……」といった表現に出会うことがあります。いまの時代に子育てをしていく上で親が直面せざるをえないさまざまな困難を少しでも支援するために、いろいろな子育て支援が必要であることは言うまでもありません。子育ての日々は、もちろん多くの喜びや楽しみに満ちていますが、同時にちょっとしたことで、その正反対、しんどさや不安を味わうこともあります。それを支援する必要があって上述のような表現となるのでしょうが、公のパンフレットなどで、あまりにもあっさりと当たり前のように「子育ての負担」といわれると、少し気が重くなるのは筆者だけではないようです。

新米おばあちゃんSさんの家に初孫さんが生まれて1年が過ぎました。妊娠・出産をきっかけにいったんは退職したお嫁さんも、そろそろまた、何か自分に合った仕事をしたいと考えて、義母であるSさんにそれとなく育児の相談をしました。息子さん夫婦は、Sさんの家とは少し離れたところにアパートを借りて暮らしていま

す。若夫婦にとって、仕事の間、子どもの世話は、専業主婦であるおばあちゃんのＳさんにお願いする、それが経済的にはいちばん楽でしょう。けれども「適度な別居」のほうがお互いに気持ちが楽だからと、ちょっと無理してアパートを借りた手前、今さらという気もあります。それに近所には年齢の近い遊び相手も見当たらないので、早くから同年齢の集団に入れたほうがいいのではないか、そういう気持ちもありました。そんなお嫁さんの気持ちを察したＳさんは、どうするかはともかく、いま、子どもを預かってくれる仕組みにどのようなものがあるのかを調べてみようと、役場や保育園などをまわってパンフレットを集めてみたのです。それらを見終わったとき、Ｓさんはどこか割り切れないものを感じたと、私に次のような話をしてくださいました。

「便利になってるんですね。朝早くから夜遅くまでとか、休みの日にとか、急に用事ができたときとか、子育てに疲れたとき、なんていうのまでねえ。わたしらの頃には考えられないことです。いい時代になりましたねえ。でも見てください、このチラシのあちこちに"親の負担、子育ての負担"っていうことばが出てくるでしょう。何かおかしなことばでしょう。そりゃ育児は大変ですよ。わけもわからずに泣いてばかりの赤ちゃんが、一人の人間になっていくんですからねえ。でもそれを"負担"っていうのかしらねえ……」。

現代における最大の心の危機

もし子どもに聞かれたとしたら何とも申し開きのできない「育児の負担」ということば、そしてそれに違和感をもつこともなくなっ

た社会……。こうした私たちの心の傾向についてすでに35年前、エリクソン（Erikson, E. H.）は次のような指摘をしています。

「いまや現代人にとっての最大の心の危機は、自分たちの子どもを生み育て、自分たちの文化、価値を世代間伝承を通して伝達し、自分たちの生命を次の世代に託していく。そのような心の営みに大きな価値を見出すことができなくなっていることです。むしろそれらの営みを負担に思ったり、苦痛に感じたり、それらの役割を回避しようとする社会心理的な動向が生まれています」（小此木・渡辺編 1989 による）。

20世紀は「子どもの世紀」といわれて始まりました。たしかに多くの国で子どものための福祉・教育制度が整えられ、100年前に比べると、子どもをめぐっての人々の意識も環境も格段に進歩したかもしれません。けれどもその一方、エリクソンのいうように、子どもをもつこと、育てること、それが至上の喜びだという私たちの気持ちが、むしろ痩せ衰えていった世紀だったかもしれないのです。

2.「空気」を吸って子どもは育つ

ままごとが変わった

エリクソンのことばのなかに「自分たちの文化、価値を伝えていく……」という部分があります。文化や価値などといわれると少し大げさな気がしますが、ともかく私たちは子どもを育てる日々のなかで、子どもに「何か」を伝えていっているはずです。いや、特に

意識しないうちに、「何か」が伝わってしまっているというべきかもしれません。子どもたちと私たちとの関係を考えるとき、この「何かが伝わってしまう」ということは、意外に大切な意味をもっているのではないでしょうか。次に紹介するある保育所のＫ子先生の話は、そのことを考えさせてくれます。

　Ｋ子先生はいまは所長職にありますが、長年、保育士として第一線で子どもの様子を見てこられました。昔と変わらず子どもたちは毎日元気に遊んでいて、一見大きな問題はないようなのですが、この数年、少し気になっていることがあります。それはままごと遊びのことです。昔からの遊びの定番で、毎年いろいろな子どものグループがさまざまなままごと遊びをする姿が見られます。Ｋ子先生が気になっているのは、そのままごとの中身、とりわけ子どもたちが何の役になりたがるか、ということなのです。昔であればいうまでもなくお母さんがいちばん人気で、この役をめぐってちょっとした争いが起こる、そういうものでした。お母さんになれなかった子どもはしぶしぶお姉さん役にまわる、というふうに年上の者（大人）役に人気があったのです。ところがここ数年、ペットや赤ちゃんの役になりたがる子どもが多いようで、ままごとというよりもペットごっこに近い状態だというのです。当時はハムスターなどのペットを主人公にしたアニメが流行していましたが、Ｋ子先生がこうした傾向に気づいたのは、その流行よりやや前のことです。「みんなでニャーニャー、ミュウミュウいって、それは楽しそうでかわいいんです。別にこれはこれでいいんでしょうけど、ちょっと気になるのはね、誰もお母さんの役になりたがらないんですよ。ペット

にえさをあげたり世話をする役の人が必要になって、誰かがお母さんにならなきゃいけない場面もあるんですけど、そのときみんながお母さん役を嫌がるんですよ。仕方なくお母さん役になった子は、"早く早く！"とか"ダメでしょ！"とかいいながら、赤ちゃんたちを追いかけている、そういう役回りなんですよ。子どもたちはまたそれを楽しんでいるからいいんですけど、何かちょっと複雑な気持ちになりますねえ……」。

　実際、私も幼稚園や保育所で、こうした場面を目にすることもあり、K子先生の保育所だけに見られる現象ではないと感じています。この話から私たちが学ぶべきことは二つあると思います。子どもたちはペットや赤ちゃんのように、どんなに好き勝手をしてまわっても、無条件にかわいいかわいいといってもらえる存在でありたいと願っていること。そしてもう一つは、先に述べたこと、つまり「お母さん」というものの意味がこのように「伝わってしまっている」ということです。

気持ちの伝わる風景
　また一方、子育てにはこんな日もあります。3歳になったこのみちゃんと母親との会話です。

　　母　親「今日はいいお天気になって、よかったわねえ。」
　　このみ「うん、カミシャマだね。」
　　母　親「そうねえ。神さまがお日様を連れてきてくれたねえ。」
　　このみ「うん、カミシャマのオシメホシだね！」
　　母　親「（大笑いしながら）神さまもいいお天気でお洗濯干して

るかしらねえ。」

　おそらく絵本に出てきた「神さまの思し召し」の言い間違いだな……そう思いながらもお母さんは、家事・育児にけっこう積極的な神さまの姿を思い浮かべて、しばらくは思い出し笑いが止まりませんでした。ことばの数も増えてきて、ちょっと聞きかじったことばでも使ってみようとする3歳前後の時代、私たちは子どもとの会話をこんなふうに楽しめるようになります。

　子どもは、いろいろなことを日々の暮らしのなかから汲み取って、自分のものにしていきます。うれしそうに洗濯物を干すお母さん、そのお母さんの気持ちがお日様の心地よさとともに、子どもの心に染みてきます。お母さんはどういう人なのか、毎日どんなことをするのか、どんなときにうれしそうな顔をするのか、どんなときに自分に話しかけてくるのか……そうした日々の営みを子どもなりに感じながら、親のことばや表情、あたりの様子や風景、いつも読んでもらう絵本の心に残った部分など、さまざまなイメージの断片を関連づけながら、心の中身を形成していくのでしょう。親が教えようとするものだけではなく、教えるつもりなんかまったくなくても、子どもには、いろいろなことが伝わってしまいます。それは素晴らしいことでもあり、同時にたいへんこわいことでもあります。子どもの身体を育てるものが水や食料だとすると、子どもの心を育てるものは、私たち大人が知らず知らずのうちに作り出す「空気」だといってもよいでしょう。時代の空気、地域の空気、家庭の空気、保育所・幼稚園・学校の空気……いまの子どもたちはどんな空気を吸って大きくなるのでしょう。保育所のK子先生が気になっ

ているままごと遊びの例も、「お母さん」というものの意味が「時代や家庭の空気」を通して伝わっている、ということでしょう。

3. 現代社会における「大人−子ども」関係──その構造

大人のいうことを信じる世界

　以上に見てきたような、子育てを通じて私たちがいま経験している子どもとの関係の変質（時代や家庭の空気の変化）は、「お母さん」の意味を変えただけではもちろんありません。母親という、子どもにとってもっとも重要な大人についての意味の微かな変質の基底には、もっと大きな流れ、すなわち「大人−子ども」関係の本質的な変化というものがあります。育児問題だけではなく、教育の問題全体を考えるとき、次に述べるような「大人−子ども」のコミュニケーション関係についての本質的な変化の認識の上に立つことが、一つの鍵であると私は考えています。

　まず金子みすゞの「さかむけ」という作品を見てみましょう。

　さかむけ

　なめても、すっても、まだいたむ
　べにさし指のさかむけよ、

　おもいだす、
　おもいだす、

いつだかねえやにきいたこと。

「指にさかむけできる子は、
親のいうこときかぬ子よ。」

おとつい、すねてないたっけ、
きのうも、お使いしなかった。

かあんさんにあやまりゃ、
なおろうか。

　子どもの頃、親をはじめとする周囲の大人からいわれたことを私たちはよく覚えています。さかむけはどうしてできるのか、夜中に口笛を吹くと何がやってくるか、霊柩車がやって来たら親指を隠すこと……もちろんそうしたことは地方によってさまざまですが、いずれ、いわゆる迷信であり大きくなってしまえば他愛のない嘘であることがわかります。にもかかわらず、いまだに教えられたようにしないではいられない自分がいるのがまた何ともおかしく感じられます。こうした大人と子どもとの関係において大切なことは、伝えられる事柄の科学的な当否を超えて、大人は何よりも子どもにとってこの世界の案内者だったという事実でしょう。子どもは大人の「いうことを信じて」この世界の住人になるより他なかったのです。

科学という「信仰」

ところが現代の私たちの暮らしを改めてふりかえるとき、この大人 − 子どもの関係が大きく変化していることに気づかされます。私たちが子どもに向かってこの世界の成り立ちを語ろうとするとき、私たちはそれが「科学的事実」に基づいた正しさをもったものでなければならないという「信仰」をなぜかもってしまっています。昔の大人のように、いわば適当に、ほとんどのことは神さま仏さまのせいにしながら、それでも「この私がすべてを知っている」かのように、厚かましくも説明しきってしまう図々しさに欠けています。再びみすゞの詩を引きましょう。

　はちと神さま

　はちはお花のなかに、
　お花はお庭のなかに、
　お庭は土べいのなかに、
　土べいは町のなかに、
　町は日本のなかに、
　日本は世界のなかに、
　世界は神さまのなかに、

　そうして、そうして、神さまは、
　小ちゃなはちのなかに。

ナノテクノロジーの今日とはいえ、小さなはちの一匹もいまだ作れないでいる以上、結局、多くのことは「神さま」の領域にあるといってもよいはずです。にもかかわらず「神さまという嘘」を堂々とつくこともできず、かといって「科学的知識」で説明しきる自信

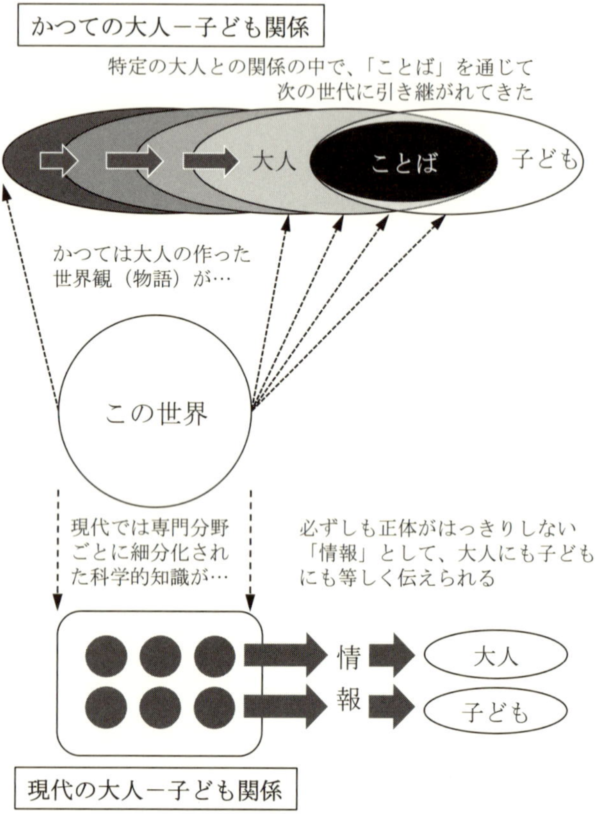
かつての大人ー子ども関係
特定の大人との関係の中で、「ことば」を通じて
次の世代に引き継がれてきた
大人
ことば
子ども
かつては大人の作った
世界観（物語）が…
この世界
現代では専門分野
ごとに細分化され
た科学的知識が…
必ずしも正体がはっきりしない
「情報」として、大人にも子ども
にも等しく伝えられる
情
報
大人
子ども
現代の大人ー子ども関係

図１ 「大人ー子ども」関係の基本的構造の変化

もない、そんな中途半端な大人の姿、そして子どもに対する役割というところに問題がありそうです。図1はそうした今日の大人－子ども関係を図示したものです。

　かつての「大人－子ども」関係のなかでは、この世界は代々の大人によって語り継がれてきた世界であり、子どもを前にした大人は、それを同じように子どもに引き継ぎ、世界を譲り渡してきました。「神さまという嘘」であれ何であれ、子どもにとっての大人はそのような意味でこの世界の案内者であり、引き継がれたものの多くは地域共同体という限られた「この世界」を生きていくための約束事や知恵でした。逆にだからこそ「この世界」そのものの姿は揺るがず引き継がれてきたともいえます。この関係において重要であったのは、大人が話す「ことば」であり、それが信じられるかどうかは、大人と子どもの関係そのものに依存しています。語られた内容の信憑性は「誰が語ったか」とともにありました。先のみすゞの「さかむけ」の詩でいうならば、「指にさかむけできる子は、親のいうこときかぬ子よ」ということばが信じられるのは「いつだかねえやにきいたこと」だからであって、ねえやとの関係のなかでねえやのいった「ことば」には信じられるべき重さがあったのです。

引き継がれなくなった世界

　一方、現代の「大人－子ども」関係のなかでは、この世界はあらゆる領域において、科学的態度によって知識化され、また専門分野によって細分化され、管理されています。私たちはそのすべてを知っているわけではありませんが、学校教育のおかげでいつの間に

やら科学という制度の一員となって生きており、「そのことについて自分はきっちりとは知らないが、きっとどこかにそのことを専門に扱っている分野があり、その道の専門家は、そのことを"正しく"知っているはずだ」と信じています。その結果、この世界についての説明は、科学的知識として"正しい"かどうかという一つの基準によって価値付けられた「匿名の知識」に取って代わられ、子どもの目の前にいる特定の大人によって説明される必要は必ずしもなくなりました。

　いまや私たち大人は子どもにとって一般科学的、教科書的知識の代弁者にすぎず、大人自身も自分が話すよりもマシで"正しい"説明は本やテレビやインターネットなどのメディアに存在すると思っています。いわばそのような"正しさ"の前では、私たち大人も子どもと等しい存在でしかないわけで、少し極端にいうならば、子どもより先に学校を出たという、ただそれだけの大人にすぎないのです。子どもが小さいうちはそれでもまだ何かを知っている顔ができますが、早晩、そのような質の知識であれば目の前の特定の大人（親や教師）よりはるかに多くのことを教えてくれるメディアの世界が存在することを子どもたちは知ることになるでしょう。また当の大人も、そうした「専門的な世界」と早期に出会わせることこそが親や教師の役割だと考えるようになりつつあります。その結果、さかむけから親不孝を思うこともなく、月にうさぎは住まず、夜中に口笛を吹いても平気な世界がやってきたのです。

4. 使用するモノの変化と関係の変化

水鉄砲

　子どもをこの世界の住人として育てていく大人の役割といった視点から考えるとき、親にせよ教師にせよ、私たちは「自らの身を通して世界を譲り渡す」ということが困難になり、科学的知識の一時的代弁者であったり、結局は仲介者でしかない……知らないうちにそういう位置づけになりつつあります。それが「知識」の世界にとどまるのであればまだ救いはありました。けれども「この世界の案内者としての大人の役割」の変質は、より広く、より深いレベルで、すなわち生活そのものにおいてすでに生じており、それが「大人−子ども」コミュニケーション関係の変化の本質でした。今度はそのことを、私たちの生活を満たすモノの変化を通じてみてみましょう。

　1年生の娘をもつ、ある父親の次のような経験を検討してみましょう。ある日、その子は水を飛ばすようなものを何か持ってくるよう先生からいわれました。生活科のなかで「水であそぶ」ことをテーマにした単元のようです。娘の話によるとクラスの何人かの子どもたちは水鉄砲を購入して持っていくらしいのですが、「水を飛ばすようなものを何か持ってくる」といわれて直ちに「水鉄砲を買う」というのではあまりに安直ではないかと考えた父親は、自分も友だちと同じものが買ってほしいという娘の欲求を少し我慢させて、家のなかにある液体を飛ばすものをいっしょに検討することにしました。その結果、窓拭きの洗剤が入っていた手動スプレーの空

容器を洗って持っていくことにしました。試しに風呂場で使ってみるとけっこうおもしろく、娘のスプレー水鉄砲に対し、父親は誰もが昔やったあの両方の掌を組み合わせて水を飛ばす水鉄砲で対抗し、その夜の風呂はちょっと盛り上がったそうです。翌日、きっと楽しく水あそびをしてきただろうと、娘の報告を期待して帰った父親は意外な展開に驚きました。クラスの何人かの子どもは大型雑貨店やおもちゃ屋で売られている圧縮空気圧を利用した最新流行の水鉄砲（まさに鉄砲！）をもってきていたのです。当然、水あそびはその威力に席巻され、旧式のピストル型水鉄砲さえその相手ではなく、まして手動スプレーなど何の意味もなかったそうです。次の時間ももう一度水あそびで、今度こそ「あのすごい水鉄砲を買って」と泣きそうになって訴える娘に父親は胸が詰まりそうになるのですが、それでもここが考えどころだと思い、近代兵器に対抗すべく旧型の本格的水鉄砲（青竹の筒、木綿の布を針金で巻いたピストンの軸）を急ごしらえすることを決意したそうです。娘が寝た後、近所の知人に無理をいって青竹を切らせてもらい、一晩かかって懐かしい水鉄砲を作った父親は「お父さんが子どもの頃は、もう少なくなってたけど、それでもおじいちゃんが作ってくれたのを学校に持っていくと、そのころ出はじめたプラスチックのピストル型に比べてすごい勢いで遠くまで飛ぶんで、うらやましがられたやつだよ」という長たらしい口上付の手作りの一丁を娘にもたせました。

　もちろん前夜に試射済みで、久しぶりに思い出しながら作ったわりにはわれながら上出来でした。しかしながら、それはまたしても浅はかな短慮だったのです。その本格的水鉄砲は、小学校１年生の

娘の力ではとても水を引き上げることなどできず、先生に手伝ってもらって何とか水を注入しても、今度は硬くて押し出すこともできなかったのでした。お風呂に入りながら、娘のお腹に赤く残った丸い竹の切り口の跡を見ながら、父親は自分の不明を恥じました。恥じながらも、どうしてこんなことになったのか、何か割り切れないものを感じたそうです。

生活技能は手から道具へ

　高度経済成長に伴って私たちの生活を満たすようになった多くのモノたちは、大人の力と子どもの力、熟達した者の力とそうでない者の力、男の力と女の力……などなどさまざまなレベルにおいて存在した「力の差」を失くす方向で発達してきたといえます。それが「便利」ということの一つの大きな意味でした。そうした方向性によって障がいがあるためにできなかったことや、腕力がないからあるいは技能の習得に時間がかかるため特定の人にしかできなかったことも、広くさまざまな人ができるようになり、そういう意味で私たちの社会は大きく進歩したことは間違いありません。同時に、堅くしまったビンの蓋を開けるために一家に一台必要とされたお父さんの力は不要になり、魔法のように均等で透けて見えるようなきゅうりの薄切りを作るお母さんの包丁は幻となりました。そういう道具を使えば、それは子どもにだって簡単にできるからです。技能（スキル）は長く生きてきたことによってそれを獲得した人間の「身体に」ではなく、お金さえあれば誰にでも買えるどこにでも売っている「道具に」宿るようになりました。たしかにこうして私たちは「便利な暮

らし」を手に入れたのでしたが、一方、子どもとの関係を考えるとき、「この世界に何のために大人がいるのか」ということについては、たいへんわかりにくい時代になったといえるのではないでしょうか。

5. 生活者はどこへ行ったのか

そこに食べものがあるから

以上のような事情を考えるとき、戦後初めての教科の改廃として1992（平成4）年度からスタートした「生活科」が、その生み出された背景としての危機意識の正当さを感じる一方、すでに手遅れともいえるような危うい「大人－子ども」の関係構造の上に乗っかっていたことが明らかになるでしょう。この教科の学習指導要領を読むと、子どもを社会環境や自然環境の"観察者"として育てるのではなく、「自らが環境の構成者であり、そこでの生活者である」ということに気づかせ、そこから自分の役割や行動の仕方を考えたり判断したりできるように育てたいという趣旨が述べられています。しかしながら、そういう趣旨で子どもを社会環境や自然環境と出会わせるためには、本来、大人の側（教師）の「生活者としての質」が問題になるはずです。

ある地域で子育てに関するパネルディスカッションをやったときのことです。その地域は山あり海あり、昔のままの自然がふんだんに、そしてすぐそこにあり、子どもたちは自然に囲まれて暮らしています。けれどもやはりいまどきの子どもたちの遊びの中心は室内

でのテレビゲームであり、せっかく自然に囲まれておりながら、子どもたちはそれに見向きもしない……ふるさとの自然のよさを幼少期に感じないですごしてしまうと、結局、ふるさとを離れ出て行ってしまい、ますます過疎、少子化、高齢化に拍車がかかる……そういう危機意識に基づき、もっと子どもたちを地域の豊かな自然のなかで遊ばせたい、そのためにはどうしたらいいか……といったことが話題の中心となっていました。そのときあるおじいさんが立ち上がっていわれたことばは、私にとってたいへん印象的なものでした。「わたしらが子どもの頃、山や海で遊んじょったのは、そこに食べものがあったからだわねぇ。家には何にもなかったし、家におってはいいように使われて（家の仕事をさせられて）しまうで……」と。

　自然との関係が「食べる」という生物としてもっとも根本的なところで取り結ばれている、その「生活者としての健全さ（生きる力）」を思うとき、いま、行われている生活科など、どんなに背伸びをしてみても「生活ごっこ」にすぎない、そんなふうにも思えてきます。第一、それを教える側の大人が、先に述べたように「生活者としての先輩」たりえていません。コンビニ弁当やスナック菓子を主食とし、子ども時代に海や山で心ゆくまで遊んだ経験もなく、ましてやその地域の海や山にいまごろどんな「食べもの」があるかなど知る由もない、そんな大人が「秋を見つけよう」という単元で果たせる役割は、せいぜいどんな教科書にも載っている「記号化された秋」を伝えることでしかないでしょう。

生活者としての魅力

　自らの身体や感覚を通じて「世界を知る」ことなく、すでに人がコトバにした（記号化した）世界を読んで覚えているだけ、そのような「知識」をさも「知っている」ように子どもに話しても、その「コトバ」には「いつだかねえやにきいたこと」というリアリティは宿りません。先に見た「ままごとの風景」における母親像の変化は、母親というものがすでに「生活者として魅力的なモデル」ではなくなりつつあることを意味しています。大工さんが材木をカンナでさっと撫でるとひらひらのリボンが舞い上がる風景、お百姓さんが鍬でぺたぺたやると次第に現れてくる美しい鋭角の畦道……そんな大人たちの「魔法の世界」に魅せられて子どもは育ってきました。学校というものがあまり人気のないこの時代、なぜ子どもたちは「学校の物語」そのものであるハリー・ポッターの世界に魅せられるのか、その大きなヒントはそこに登場する「魔法使いとしての先生たち」の魅力にあるのではないでしょうか。生活者としての魔法をどのように取り戻すか、それがいま、大人に問われていることなのでしょう。

6. 私は遊ぶのが下手（へた）？

大人が子どもと遊ぶということ

　2歳になる女の子の母親が、育児の「悩み」をこんなふうに話してくれたことがあります。

　「子育ては、何よりも楽しく遊ぶことが大切だって聞きました。

小さい頃、しっかり遊んでおくと、いろいろな感覚や運動が育って、それが子どものいちばんの勉強になるって。育児雑誌にもそう書いてあって、子どもの喜ぶ遊びとか、たくさん紹介されてます。私も、そのとおりだと思って、がんばって洗濯や掃除を先に済ませて、しっかり子どもと遊ぶ時間を作るように努力してるんです。でも、わたしって遊ぶのが下手なのかなあ、本に載ってるようにやっても、うちの子、ちっとも遊んでくれないんです。あれこれ働きかけても、ちがうことばっかりして……。そのうち遊びの時間が終わっちゃって。

このごろは何だか、子どもと遊ぶ時間のほうが苦痛で、家事やってるほうが楽かなあって。けんちゃん（あっ夫です）なんて見てると、私より上手に遊ぶし。そう言えば、私もあんまり親に遊んでもらった記憶ってないんですよね。だからかなあ、遊ぶのが下手っていうか、なんか、楽しくない？子どもも楽しくないみたいだし、いっそ私も働きに行っちゃおうかなって。だって保育所の人のほうが遊ぶの上手でしょう。きっと子どもも楽しいと思うし……」。

　実は、こうした"遊び下手の悩み"を抱えているお母さんは少なくありません。せっかく急いで家事を片付けて、しっかり子どもと向き合って遊ぼうとするのに、子どもはちっとものってこない……洗濯や掃除をしている間は遊んで欲しそうにして付きまとっていたくせに、いざ遊んでやろうとすると遊ばない……そういうお話をされるお母さんは決して珍しくないのです。新聞や雑誌でもときどき、「近頃の親は遊び下手」「遊び方も知らない」「親の子ども時代の遊び経験の不足」といった内容の記事を見かけます。保育所や公

民館などでも、親子のための遊びの教室や、「遊び方」を「勉強する」？？といった催しが開かれたりします。「親子〇〇教室」は、この時代、ある程度、必要なことかもしれません。どういう趣旨であれ、結果として親子が楽しく付き合える機会になったのなら、それはいいことだとも思います。けれども、ここで考えてみたいのは、そもそも「家で子どもと遊ぶ」というのはどういう意味なのか、ということです。

　はじめに紹介した母親は、「家事の時間」と「子どもと遊ぶ時間」を切り離そうと努力しています。子どもとしっかり向き合って遊ぶために、家事はテキパキと片付ける、そういう気持ちになっているのです。そうやって「せっかく作った遊びの時間」なのに充実感が感じられない、楽しくない……ということで"私は遊びが下手なのではないか"と自分を責める気持ちになっています。このように、「家事の時間」と「子どもの相手をする時間」とを切り離そうとすると、多くの場合、いろいろな苦しい場面が増えてきます。「家事をしようとしているときに限って……」とか「せっかく〇〇しようと思っていると……」とか「本当なら〇〇のはずなのに……」といった気持ちが生じやすくなります。「子どもと向き合うための時間」を確保しようと努力することが、かえって子どもとの関係を苦しいものにして、その結果、子どもとの関わりが楽しめなくなってしまいます。気持ちに余裕がないときなどは、"この子がもう少し寝ていてくれれば……"とか"あと少しひとりでいい子にしていてくれれば……"といった「子どもを責めてしまう気持ち」についなるし、先のお母さんなどは「この子さえいなければ……」

という気持ちになってしまうこともある、またそんなふうに考えてしまう自分が後から悲しくなって今度は自己嫌悪に陥る、といわれました。

　こうした気持ちは、子育ての時間のなかで、誰もがきっと経験することでしょう。「家事の時間」と「子どもの相手をする時間」の両方を、しっかりやりたい、きちんとこなしたい、そういう気持ちが、かえって家事も育児も苦しいものにしてしまいます。しっかりと子どもの遊び相手をしてあげたいというお母さんの気持ちは、もちろん大切ですが、けれどもその時間をきちんと作ろうとするあまり、そのためにはまず家事をうまく手早くこなさなくっちゃと焦ったり、苦労して子どもと遊ぶ時間を作ったのに、どうして子どもはうまく遊んでくれないのかしらと悲しくなったり、結局わたしは家事も育児もまともにできないんだわと自信を失ったりするのでは、子どもとの関係を楽しむどころではなくなってしまうでしょう。

「子どものための○○」の意味

　それほどに「子どものための時間」を意識して作らなくてはならないのでしょうか。日々の生活のなかで私たち大人のすることは、小さな子どもにとって、おもしろそうなことだらけのようです。たまねぎの皮をむくこと、ソラマメの鞘から豆を取り出すこと、卵を割ってかき混ぜること、お米を洗って研ぐこと、包丁で刻むこと……日々の料理のなかで当たり前にやっていること一つひとつが、子どもの目を輝かせるおもしろそうな「遊び」です。今でこそ洗濯は全自動洗濯機に放り込むだけになってしまったのですが、少し前

の時代、どこの家にもあった洗濯板というものは、子どもにとって魅力ある「遊び」道具の一つでした。電気洗濯機の初期の頃だって、手回しローラーの間に洗濯物を通して脱水するという、あの原始的かつ進歩的発想の道具は、子どもの目には「遊び」に満ちたものとして映ったはずです。大人が真剣に取り組んでいること、大人が本気で熱中している日々の暮らしという世界は、本来、子どもにとって魅力的なものなのです。その「本物」の暮らしがいきいきとしていること、それが子どもの心を惹きつけてきたからこそ、子どもたちはそれをモデルとして「ごっこ」の世界を作ってきたのではないでしょうか。リアルな大人の生活という「本物」がある、いつかは自分もそれを使えるようになりたい……そういう気持ちが子どもの「遊び」の原点にあります。たたんで置いてあった洗濯物がちょっと目をはなした隙に広げられていたり、ハッと気づくと包丁に手を伸ばそうとしていたり、ゴミ箱に大切なものまで捨ててあったり……そういう経験はないでしょうか。子どもは大人の本物の生活にいつも熱いまなざしを送ってきました。その「本物」の生活の端っこに、子どもでも「共有できそうなこと」を作ってやり、そこで遊んでもらう、そこをこの世界への入口として、少し子どもに分け与えてやる……そういうやり方が、忙しい大人が子どもの遊びにも付き合ってやる方法であったはずです。それが「生活者としての後輩」を育てる方法でもありましたし、そのことによって大人の暮らしを少しずつ「共有していく者」を育ててきたのでしょう。

考えてみれば「子どものための時間」だけではなく、この何十年かの私たちの社会は、「子ども用の○○」を生み出すことに、たい

へん熱心だったといえます。もちろん子どもは身体的にも精神的にも、大人とはまったく異なるスケールで見なければならず、しかも日々さまざまなことを吸収しながら成長していくわけですから、そのときどきにふさわしい生活世界を用意してやることはとても大切なことでしょう。そういう意味では「子ども用の○○」の増加は、子どもという存在の独自性に私たちの社会が気づき、これを大切に育てようと努力してきた、その証であるともいえます。けれども一方、今日の「子ども用の○○」にあふれた社会を考えるとき、またそうした社会で起こっている子どもたちの問題を考えるとき、「子ども用の○○」が真の意味で「子どものため」のものであったのか、それらは「子どものため」といいながら、実のところ、大人の生活の都合を優先した結果ではなかったか、またそうした「子ども用の○○」が子どもと私たち大人との生活の分断をもたらしはしなかったか……そういうことをそろそろ考えてみなければならない、そんなところに私たちは立っているのでしょう。

7. 日常に現れる家族の意味

「感動体験」の落とし穴

　ある小学校の授業研究会の折、一人の先生が「いまの子どもたちには感動経験が欠けているのではないか。もっと心動かされるような感動する体験を与えられるような授業をめざしてはどうか」といわれました。私はこうした発言が前提している子どもの「まるで無感動に見える姿」をまったく否定するものではありませんが、同時

にだからといって「感動体験」なるものをめざすという発想には大きな落とし穴があるようにも思うのです。もちろん何度見ても聞いても感動を呼び起こすような体験もあるでしょう。けれども往々にして「感動」を狙った授業は、大掛かりで派手見せのする組み立てになりやすいと思います。それはたしかに１回きりなら感動（というより驚嘆）を呼ぶかもしれませんが、２回目はもうだめです。２回目は１回目よりさらに大掛かりにならなければ「感動」を誘うことはできません。つまりこういう狙いで学習を組み立てることは「感動の閾値」（感動に達するための心の基準点）を引き上げることになり、結局、ちょっとやそっとの刺激では「感動」なんかしないという状態を作ってしまうことにつながりかねません。これでは本末転倒です。

週末家族おでかけ症候群

　こうした大人の発想の本質は、子どもの心を動かすために「非日常」を現出させようとする、というところにあるのではないでしょうか。そう考えてみると、ここ数年、私がつとに気になっているある現象の増加と符合するのです。それは名づけて「週末家族おでかけ症候群」といいます。週末の休日になると、親子が車に乗って少し離れたところにあるスーパーやデパート、郊外型の大型店舗、遊園地、自然公園、イベントなどに出かけていく現象のことです。週末になるとテレビなどのメディアも「週末おでかけ情報」を流したりしているのですから、むしろ出かけようとするほうが、いまや当たり前なのかもしれません。しかしちょっとふりかえって考えれば

すぐにわかることですが、家族の休日は「家にいること」が当たり前でした。ところがいまや「出かけること」が普通なのです。嘘だと思う方は保育所の月曜日の子どもたちの朝の会話を聞いてみるとよいでしょう。主な話題は「昨日どこに行ったか」であり、年長になるともちろん遠くの憧れのスポットに行った子どもに注目が集まります。"オレも行った""わたしだって……"という声の渦が巻き起こり、たしかに行ったことの証としてその子のカバンに下げられた新しいマスコット人形に注目が集まり、同じ類のマスコットを下げた者同士の間にちょっとした連帯が生まれたりします。

　もちろんこうしたお出かけ自慢のようなことは子どもの世界で大なり小なり昔から繰り返されたことでしょうが、それが毎週の風景となるとちょっとした違和感をもちます。第一、そんなことが子ども主導の現象とは考えにくいのです。これが明らかに親主導の現象であることに気づくとき、ゆるやかに起きていることの深刻な背景に思わず立ちすくみます。ひょっとすると「休日の家族」という人間関係は「お出かけナシ」ではもはやもたなくなってきているのではないか、そんな疑問がうかんできます。「平日」は何も考える必要がありません。家族の成員それぞれが慌ただしく各自のスケジュールに追われ、つまり外から充たされることによって各々の時の流れを泳いでいるのですから。平日の家族はいっしょにすごしているように見えても、実は別々の時の流れに支配されています。そこへ「休日」がやってきます。それは家族という共同体にぽっかりと口を開けた落とし穴かもしれません。「休日」には目標もめあてもありません。達成するべきノルマもありません。"にもかかわら

ず"なぜこの人々は「家族」としていっしょにいなければならないのか！ 目標志向性の高い「平日的充実感」に動機づけられた私たちは、ついうっかり「休日」においても、その種の充実感を手に入れようとします。どこかへ何かをしに行くこと……そうした具体的で目に見える行動に身を委ねることで家族という共同体の意味や充実感を味わおうとするのです。

「休日」とは何であったか

この「休日」の在り方について、2002（平成14）年度から学校週5日制が導入されたことも手伝って、さまざまな意見調査が行われているようです。私などは、休日くらい休日らしく家で何もしないで休みたいと思うし、子どもにしても平日はけっこうに忙しくしているようなので、休日は家でゆっくりと自分の時間や家族と共にすごす時間をもってほしいと思います。しかしそうした意見調査に目を通すと、休日にも学校や地域を中心にスポーツや文化活動やイベントを実施してほしいと願っている親が少なくありません。また行政も生涯学習社会の構築、学社融合などのキーワードのもと、さまざまな予算がつき、地域の休日は各種イベントで目白押し……といっても過言ではないでしょう。休日というありふれた家族の日常が、たちまちのうちに非日常化されていきます。休日を利用して家族みんなでやっておかなければならなかった「家の仕事」が失われたいま、「家族」の意味を考える暇もなく流れていく「平日」からぽつんと取り残された「休日」のなかで、「家族ですごす」とはどのようなことであったのか、その意味が静かに問われています。そ

の問いに耳を傾けることをどこかで怖れているがゆえに、私たちは「休日」を非日常のイベントで満たそうとしているのかもしれません。

8. 子どもの「耐性」ということ

日々の生活と心の基準点

　子どもの「感動体験」は大切なことですが、それは事象の側（感動を引き起こそうとする出来事の側）を工夫することによってではなく、感動する主体である子どもの側の心の基準点や枠組みを変化させることによるべきではないでしょうか。それが、本来、教育という営みの考えるべきことではなかったでしょうか。

　これとまったく同じ視点から、よくいわれる子どもの「耐性」という問題を考えることができます。「何に感動するか」と同様、「何にどのくらい耐えられるか」も子どもの心的基準点や枠組みによって決まります。教育関係の会合などで"このごろの子どもはちょっとしたことでも我慢ができずに、すぐ腹を立てたりキレたりへこんだり傷ついたりする。もう少し嫌なことや思うようにならないことに対して我慢強い子どもを育てなければならない"といった論調をときどき耳にします。そのとおりであると思う一方で、しかるがゆえに辛く苦しい出来事に子どもを挑戦させて耐性を身につけさせよう、だから校庭10周、マラソン大会、あるいは座禅……という学校教育的発想にもちょっと短絡的なものを感じます。私たちは辛いことや嫌な経験をわざわざ用意して、それによって子どもを「鍛え

る」という発想からなかなか抜け出しにくいようです。それはそれで一定の意味があろうとは思うのですが、たとえばマラソン大会などでも、開き直ってダレダレと歩いている中学生を徹底して指導しないのが現状であり、つまるところどんな辛い経験でも逃げ道や抜け道といった「要領」があり、それが「通用する」ことを教えてしまっている以上、それらの「辛い経験」にあまり過大な教育的効果を期待するのは無理というものでしょう。

いまだバブリーな食生活

　そうではなく、子どもの心の基準点を少しずつでも変化させていくこと、できれば幼児期から学童期の毎日の生活のなかで、暮らしの「普通」あるいは「標準」をどのあたりに作っていくか、ということに心を砕くほうがよいのではないでしょうか。極端な話かもしれませんが、たとえば毎日、毎食ごとに食事のメニューが変わるといったことは、いつごろからの話でしょう。今日は唐揚げ、明日はトンカツ、スパゲッティー、カレー……、そんなふうに地域の暮らしや季節とほとんど無関係な食品・食材が、スーパーという場所から台所に持ち込まれ、日々これを変化させて同じものを繰り返さない、ということが「標準」になりつつあります。そのようないってみればバブリーな食生活をしている国がそうそうあるのでしょうか。いや、私たちの国にしてみても、ほんの一昔前はそうではなかったはずです。季節の食材を食べるといえば聞こえは良いですが、来る日も来る日も、筍の季節は筍、いわしの季節はいわし、かぼちゃの季節はかぼちゃ……同じ食材を日々繰り返す食卓であった

はずです。だからこそ、食材は同じでも、昨日は煮物、今日は天ぷら、明日は汁の具に……と調理方法などをさまざまに工夫して食卓に供することが作り手の知恵や技能であったはずです。同じ食材が繰り返される……ということを「標準」に育った子どもたちは少しでも違った食材が並んでいることに敏感です。"あれ、この辛子明太子どうした？""九州のおばちゃんが送ってくれたよ。"そういう到来物や頂き物がめったにないことであり、「ほぼ同じことの繰り返しであるはずの日常」とは異なる出来事であるがゆえに「有り難く」感じられます。

　これに対して毎食ごとに献立が「変わる」暮らしが「標準」になると、子どもはこうした変化に気がつかなくなります。そればかりか昼に出されたものを再び夕方に出すと「えぇ〜！またこれぇ〜」と不満をいいます。何に喜べるか、何を不満に思うのか、それは何でもない日々の暮らしのなかで形作られる心の基準点や枠組みによっています。それを思うとき「毎週休日ごとにおでかけする」ことによって休日のすごし方の「標準」を形作った子どもたちはどういう大人になっていくのでしょう。

9. 子ども理解の原点に

内側からの理解

　仕事の上で、いろいろな子どもたちと出会ってきました。始めの頃、私は子どもの様子をよく観察して、子どもの行動の意味を正しく理解したいと思っていました。けれどもそのうち、見られている

のは私のほうだということに気がつくようになりました。見られているだけではなく、子どもは私の心の奥底を、いとも簡単に覗いてしまう……そんなふうに思うようになってから、私の子どもとの接し方は、ずいぶん変わったように思います。それがたとえ産まれたての赤ちゃんであっても、ことばをうまく話せない障がいのある子であっても、子どもと向き合うときには、いつも「私自身の中身」が問われている……そんなふうに感じてきました。

　泣かずにはおれない不安、その場にじっとしていられない衝動、人に近づくこともできないほどの不信、身体が強ばってしまうほどの緊張、無表情で耐えるしかないような悲しみ……そんな凄まじいものをその小さな身に宿しつつある人たち……。それを異質なもの、異界のものとして、「外から理解する」のは簡単でしょう。けれども子どもたちを苦しめているそれらの不安・衝動・緊張、そして諸々の感情は、かつて私たちも味わったものであり、どうにかその場は凌いできたかもしれないけれど、実はいまも自分のなかに燻っているものであると気づくとき、子どもたちを「内から理解する」ことの可能性が開けてきます。

「やりかけの自分」に気づくということ

　子どもの遊びや興味を示すものにしても同じことがいえます。大人にとっては"危ない""汚れる""邪魔になる""意味がない"と思えるようなものですが、そういうものに限って子どもは手を出したがります。ちょっと余裕をもって子どものすることを眺めていると、そのおもしろさや興奮を、かつては感じることのできた「自分

の姿」が見えてくるのがわかるでしょう。雨降りで増水した溝、ひらひらと蝙蝠の舞う夕焼け空、石をめくるとぞろぞろ出てきた不可解な虫たち、手の届かなかった箪笥の抽斗……あちらこちらに、まだまだ"やりかけの自分"がいることに気づきます。

　子どもと出会うことを通して、私たちは、自分のなかに多くの「やり残し」があることに気づくことができます。子どもの不安や衝動や緊張に感応するのではなく、それらを収めてやれるような、そんな強さ・広さ・静けさ・柔らかさが、いまの私たちのなかにあるでしょうか。子どもの遊びや興味を示すものを、危ない、汚い、手がかかると禁じるのではなく、その姿にかつての自分を重ねながら共感したり楽しんだりできる、そんな暖かく安らかなものが、家庭に、社会に満ちているでしょうか。子どもたちをめぐるさまざまな問題は、私たちにそういうことを問うているように思えてならないのです。

第2章

子育てで何が起きているか
──保育・育児の現場をめぐる臨床コミュニケーション論──

1. 身を逸らす風景から

子どもがくっついてくるのが苦手

　ときおり幼稚園や保育所の保育研究に参加させていただくことがあります。そんなとき、保育場面を参観することの楽しみもさることながら、保育が終了した後の降園場面、つまりお迎えに来られた保護者の方と連れ立って子どもが帰る場面を見ることも大切な楽しみの一つです。ついさっきまで友だちと、あるいは先生と関わっていたときに見られた、その表情や動きとは明らかに異なるものが子どもから溢れ出てくるのに驚かされ、保育場面で感じていた自分の印象が大きく揺らぐことも少なくありません。目の前にいる一人の子どもの「理解」とはどういうことであるべきかについて、その意味の全体像と自分の観察との気の遠くなるような距離を思わざるをえない場面です。一方、保育場面での印象と同質のものを感じたり、その印象を補足説明してくれるかのような降園場面に出会うこともあります。ここではそうした降園風景のなかから、ここ数年、筆者が気になって見ている一つの姿について取り上げてみましょう。

それは「まるで子どもとの接触を避けているかのような」お母さんの動きです。子どもの動きは明らかにお母さんの身体に向かっているのに、触れようとする手前のところでふっと身体をかわして、"はい、お靴履きなさい"とか"赤ちゃんをおばあちゃんにお願いしてるから早く行くよ"とかのことばを子どもとの間に置いて、子どもが触ってこようとするのを極力最小限に抑えようとするかのようです。おそらくお母さん本人も意識していないでしょう。けれどもお母さんの動線は、見事に子どもの動線を遮るように描かれており、身体の動きとことばによって、子どもとの間に一定の距離を開けておこうとするかのようです。子どものほうからやや強引に手を握ってくるような場合、お母さんの肘はやや力が入って伸ばされ、手をつないでいるというよりも、その腕の長さで一定の距離を確保しているようにも思えてしまいます。

　子育て座談会などの折に、こうした「子どもとの接触を苦手とする感じ」について、母親自身が話される場合もあります。「なんか子どもがくっついてくるっていうのがイヤ……っていうか、苦手なんですよね。子どもには、ホント、ごめんねって感じなんだけど、正直いって引いちゃう。けどそんなふうに私が引いちゃうと、かえってしつこいっていうか、べたべたされて、"あぁ〜お願いだからもうやめて！"っていっちゃいそうになる」。こんなに率直な感じ方を人前でいえるお母さんはそれほど多くはありません。けれども、そういうお話に出会ったとき、先に述べた降園風景の話をすると、その場にいる何人かのお母さんたちが"そういわれれば私にもそんな感じがある"と共感してくださることが多いのです。

2. 身を寄せるコミュニケーション、身を離すコミュニケーション

遠感覚・近感覚

　私たちの感覚は、通常、対象とそれを感知する受容器との相対的距離によって、遠─近二つに大別して理解されます。遠感覚と呼ばれるのは視覚・聴覚です。これらは自分と対象との間に、一定の比較的長い物理的距離を置いたまま、対象を知覚することを可能にする感覚であり、いわば「身を離して世界を知る」機能であるということができるでしょう。これらに対して嗅覚・触覚・味覚は近感覚と呼ばれます。こうした感覚群は対象に近づいたり触れたりして物理的距離を縮めることによって対象の知覚が可能となるもので、いわば「身を寄せて世界を知る」機能であるということができます。人間の脳が処理する知覚情報の9割以上は視聴覚情報だといわれますが、私たちの生きる現代の社会は、おそらく太古の時代、私たちの祖先が生きていた頃の環境に比べて、さらに視聴覚情報中心の遠感覚型社会になっているのではないでしょうか。一方その現代社会のストレス解消法としてもてはやされるもの（アロマセラピー、マッサージ、グルメブーム……）はきわめて近感覚型のものです。

　人間の子どもの遠感覚の発達について、従来その機能はかなり遅れて発現すると考えられていましたが、近年の発達研究によって、初期の発達においても視聴覚が重要な役割を果たしており、赤ちゃんは視聴覚を通してかなり外界をよく認識し学習しているらしいことが知られるようになりました。ただ後の発達に比べると、やはり

赤ちゃんの時代には、近感覚によってもたらされる情報の量が相対的に高い割合を占めていることになるでしょう。赤ちゃんは手にしたものをすべてといってよいほど口に入れて、その探索活動を展開していきます。触って、舐めて、嗅いで、世界を知ろうとするのです。そんなことから赤ちゃんと暮らす日々は、どこかベチャベチャ、ネバネバとした粘液の感覚や、酸味を含んでかつ甘いような匂いの感覚に満ちています。

　図2はこうした二つの感覚系統（近感覚と遠感覚）の機能を対比的に示したものです。ここ数年、私たちの社会は急速に、ネバネ

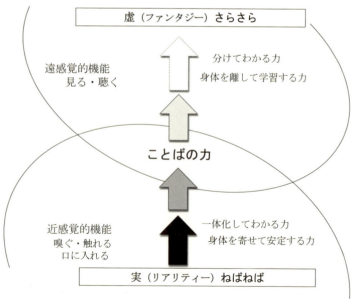

図2　身を寄せるコミュニケーションから身を離すコミュニケーションへ

バ、ベチャベチャ、ドロドロしたものを追放し、サラサラでベタつかず臭わない世界を作ろうと努めてきたといえます。育児においても同様で、触って嗅いで舐めて育てるような感覚よりは、身を離して育てるサラサラ育児とでもいうべき感覚が中心になりつつあるのではないでしょうか。少なくとも現代の子育てグッズの多くは、一度吸収すれば戻ってこないおむつであったり、ひと拭きすればサラサラになるおしりふきであったり、身を一つにするかのようにしっかりと結わえるおんぶ紐ではなく、少し身を離した上で親よりも丈夫な枠組みで子どもをガードする器具であったりするのです。

生きる力を育てるということ

　子どもを産んで「親になる」というのは、ネバネバからサラサラへと発達してきた人間が、再びネバネバの世界に引き戻されるプロセスとして考えることができます。自分のなかで一度はコントロールすることに成功したネバネバの世界に、今度は自分の子どもという存在を通じて向き合い再統合することが求められる、そういうプロセスだと考えられます。ネバネバの世界が日常的に遠ざけられ、まるで存在しないかのように暮らすことを良しとする現代においては、子どもというものはその存在性そのものにおいて、すでに危うい位置に置かれているといわざるをえません。エリクソンの警句を待つまでもなく、私たちがいま直面している「少子化」の根っこはおそらくここにあるのでしょう。どんなに子育て支援策を整備してもサラサラを至上の価値とする生活様式のなかでは、本質的に子どもの存在はこれを汚すものであると感じられますし、それゆえに子

どもに対しては「あなたも早くサラサラの存在になりなさい」というメッセージが送られ続けることになるでしょう。

　生命体としての力、それを「生きる力」と呼ぶならば、それはネバネバの世界に由来します。さまざまなSF映画で創造され続ける「殺しても殺しても再生して迫ってくる」タイプの生命体がいつでもネバネバをまとっていることはおそらく偶然ではありません。その強靭な始原としての生命力は、弱々しい生命を飲み込んでしまう（つまり死へと回収していく）力をもっており、精神分析学のいう性欲動（リビドー）にあたるものです。この始原の本能的・動物的な力を、どのようにして社会的・精神的統制の下に置いていくか（つまり「ことば」で飼いならしていくか）……そういう枠組みから現代の子育てを考えるとき、子どもの存在を基礎づけている近感覚型の世界を誰がどのように満たしてやるのかは、非常に重要な意味をもつと思われます。

3. 近感覚型コミュニケーション不全の時代

子ども用の一皿

　子どもが相手の感情（どんな気持ちで）・欲求（何を求めて）・意図（どうしようとしているのか）など「目に見えない相手の内面」を相手の様子（表情や動作やことばなど目に見える行動）から推測し理解すること、また逆に自分の感情・欲求・意図を相手に伝えようとすること、さらにその両方のやりとり（相互交渉）によって相手と自分との関係を作りあげたり調整したりすることを広くコミュ

ニケーションととらえると、その一つの基礎は「感覚の共有」にあると考えられます。同じものをともに経験するなかで、子どものうちに生じた感覚体験を、親のそれと重ね合わせ「同じ」ととらえる（共有する）経験を繰り返すなかから、こうしたコミュニケーションの基礎が育っていくと考えられます。別々の個体の上に生じた経験は、どこまでいっても別々の経験にしかすぎず、これを「共有する」と一口にいうのは簡単ですが、それはとても不思議なことです。どうしてそんなことが可能になるのかについては、さまざまな研究があります（たとえば情動感染や共鳴動作といった考え方など）。

　このように後のコミュニケーションの基礎を「感覚の共有」というところに見出そうとするならば、赤ちゃんとお母さんの両者がまずは近感覚をチューニングしていくプロセス、つまり「いっしょに触る、いっしょに嗅ぐ、いっしょに食べる」ということは、非常に重要な意味をもってきます。

　家庭での食事の際に、子ども用のおかずを別に一皿用意しているご家庭が増えている、という話をある幼稚園でうかがって、たいへん驚いたことがあります。以来、保育所や幼稚園で保護者の方々とお話をする機会をとらえては、お宅ではいかがですかとお尋ねして、実際のところを教えていただくことに努めてきました。そんななか、ある保護者の方が次のようなお話をしてくださいました。「うちの子（3歳）は偏食がひどくて、あれイヤこれイヤが始まるので、食事の時間はいつも気が重いんです。このごろはもう面倒なので、はじめからこの子には別のおかずを用意して食べさせるよう

にしています。そのほうがお互いにいい気持ちで食事ができますし、食べる食べないで親子が押し問答したあげく、子どもは勝手に冷蔵庫を開けて好きなものを出してきたり、ふりかけだけで食事するなんてこともないですし……。考えてみればおじいちゃんたちも、私らこれでいいわって昼の残りを暖めて食べてたりしますし、それぞれ好きなものを食べればいいんだわって思えば楽になりますよね」。

　まさかこんなことが一般化しているとは思ってもいなかったのですが、その場にいらっしゃった他のお母さんたちからは「うちも……」という声がいくつか聞かれました。もちろん現代の多様な生活形態のなか、各家庭にはそれぞれの事情があって、家族そろって食事ができなかったり、各人別々の食事を事情に合わせて用意せざるをえないような事態も大いにあるでしょう。あるいはアレルギーによる除去食などが必要な子どもも増えています。ここで取り上げたいのは、そうした各家庭の事情や子どもの体質ということとは別に、「子どもが嫌がるから」という理由で別の一皿を「子ども用」に用意することが日常化している場合の、大人の側の心理性ということなのです。

身体的同型性の伝達

　「同じものを食べる」というたいへん単純な事柄の繰り返しは、その背景に「同じ身体をしている」ということ、つまり身体的同型性の伝達という重要なコミュニケーションの契機を宿しています。「お母さんが食べることのできるこれを、あなたもきっと食べるこ

とができるはずだ（だって同じ身体をしているでしょう？）」。この身体的同型性とは客観的な認識に基づく事実ではありません。またおそらくそうした認識によるならば、明らかになる事実はむしろ逆のこと、つまり「二人は違っている（別々だ）」ということなのであり、決して「同じである」という結論には到達しえないのではないでしょうか。「（二人の別個の身体が）同じである」という認識は、そのような意味で明らかに誤解・錯覚・幻想なのであり、「特定の人との関係のなかでのみ、そのように信じられる」という、いわば関係的信念に基づく認識といえるでしょう。

　近感覚型のコミュニケーションというのは、親の側が身を近づけ、子どもを自分の身に巻き込んだり取り込んだりすることによって身体境界を溶解させ（身溶かし）、「同じである」という関係的信念のなかで心理的安定を与えていこうとするコミュニケーションといえます。ことば以前の乳児の段階では、こうしたコミュニケーションは触り―触られること、同じ空気（匂い）のなかにいること、食べものを口に入れること、そしてこれらすべてが含まれている「授乳」という関係を通して形成されていきます。この近感覚型コミュニケーションを基盤にして、「見る、聞く」の使用を前提とした親の側からの音声言語コミュニケーションが絡むことによって遠感覚の使用が動機づけられ、0歳後半〜1歳頃の前言語的コミュニケーションが展開されていくことになります。

4.「身溶かし」が困難な身体

親の気になる様子と5つの不安

　育児のなかで親が子どもの不安を鎮めてやるという場面がよくあります。よくある、というよりも親としての基本的な役割は子どもの不安を鎮めるということかもしれません。けれども最近の育児相談では、そのことに大きな困難を感じるというお母さんの声に出会うことがよくあります。いったん子どもの機嫌が悪くなったりむずかりだしたりしたら、どうしたらいいのかわからないので、なるべくそうならないようにしている、という声もよく聞きます。こうしたことは保育者の側の親の印象とも一致しています。比較的ベテランの保育士さんたちが最近の親の気になる様子としてよく話されることを、次に箇条書きにしてみました。

- 子どもが少しむずかるとすぐに食べものやおもちゃを出して、まるで「いつも子どもを機嫌のよい状態にしておこうとする」かのように見える関わり。
- 泣いたままの状態が続いてもいっこうにかまわないので、少し抱っこでもしてあげたら……というと、"この子はいつもそうだから放っておいて大丈夫です"という。まるで「子どもの状態の悪いときには関わりたくない」かのように見える関わり。
- 何かにつけて、たとえば着替えを1枚余分にもたせたほうがいいのでは……といったことでさえ"子どもと相談して決めます""子どもの思うようにしてやりたいと思います"とこたえる。子どもの主体性を尊重しているようにも見えるが、実は

「子どもへの接し方について親自身の意思・態度がはっきり示せない」ように見える関わり。

子どもの年齢にもよりますが、初めての赤ちゃんを前にした親になりたての親にとって、子どもに泣かれるというのは出産直後からもっともよく経験するものでありながら、こうすればうまくいくというパターン化された成功経験を積みにくいため、うまく対処できないという感じを抱きやすく、それゆえに比較的つらい経験といえるのではないでしょうか。そういう「赤ちゃんの泣き」にまつわるストレスについて、育児サークルなどでお母さん方に語っていただく機会が何度かありましたが、その際に聞かれた多くのお母さんたちの声を、次の５つの不安として分類してみました。

①原因がはっきりしないことへの不安
　おしめも換えた、おっぱいは十分飲ませた、なのになぜ泣き止まないのか？ "いったい何が気に入らないわけ?!" と大声をあげそうになる。

②方法・手段がはっきりしないことへの不安（＝無力感）
　どうすればいいのかわからない、あれもした、これもした、他にどうすればいいのかわからない、人はそうやってうまくいったっていうけど、なぜ私はうまくいかないのか、うちの子が変なのか私がだめなのか。

③変わらないこと（見通しがもてないこと）への不安
　いつになったら泣き止むのか、こんなことが一晩中続くのか？ いや明日もあさってもずっとずっと続くのか？……と思った

ら気が狂いそうになる。
④認められないこと（わかってもらえないこと、評価されないこと）への不安（孤立感）

私がこんなに一生懸命なのにどうして誰もわかってくれないのか、なぜ夫は隣で平気で寝ていられるのか、私だけがどうしてこんな目にあわなければならないのか。

⑤非難されること（責められている感じ）への不安

"うるさい、泣かせるな"と夫はいうけど私だって泣かせたくて泣かせてるんじゃない、"わたしのどこが気に入らないの！"と赤ちゃんに言ってやりたくなる、夜泣きがひどかった翌日は隣の家の人がきつい表情をしている気がする、赤ちゃんの泣く声は"ここにだめな親がいる"と周りに言っているように感じる。

　赤ちゃんがもつ、自分の状態の変化を知らせる限られた手段のうち、発信効果がもっとも大きいと考えられる「泣き」という行動は、実にいま、危機に瀕しているというべきかもしれません。そもそも動物が鳴き声を発することは、外敵に自分の位置を知らせることでもあるため、たいへん危険な賭けであると考えられます。その危険を冒してまで発信する必要があるときのみ使用された「鳴き声」を、いわば暇つぶしの娯楽として発展させたものが「音声言語」であるといわれますが、赤ちゃんの「泣き」にはそのもともとの必然を含んだ原型の姿が残されているのでしょう。しかしながらその泣きという信号が、これだけ強く親の側の不安を呼び起こしてしまうものになっているとしたら、「泣く」という行動パターンを

強くもつ個体は生きのびる可能性をむしろ小さくしてしまう……そんな時代になったのでしょうか。

子どもの不安を鎮める

飛行機の機内で2歳くらいの女の子を抱っこしたあるお母さんに出会いました。機内に乗り込む途中から子どもはぐずりはじめ、席に座る頃には泣きだしてしまいました。子どもを抱っこして乗り込む間、お母さんは一言も発せず石のように押し黙ったままでしたが、ついに子どもが泣きだすに及んで、最初に口にしたことばは"折り紙する？ ミッキーのお人形がいい？ それともジュースにしようか？"でした。お母さんとしてはできるだけ落ち着いた様子で子どもがいつもなら喜びそうなものを提案するということであったかもしれません。しかしすでに本格的に泣きはじめた子どもは、お母さんが無理に落ち着いた様子で提示するものを片っ端から拒否し、お母さんが何か言おうとするその声を遮るかのように泣き声を荒げ、CAさんがもってきたおもちゃに（というよりも見知らぬお姉さんが話しかけてきたこと自体に）一瞬泣くのを止めたほかは、結局1時間あまりの飛行のほとんどを泣き通したのでした。満席の機内で子どもはもちろん、お母さんもきっとつらかったことでしょう。

子どもの不安を鎮めるということは当然それほど単純なことではありません。けれども先に述べた「身溶かし」という概念から敢えて単純に次のようなプロセスを想定することもできるのではないでしょうか。いま述べた機内の母子を例に考えてみましょう。まず子

どものうちに何らかの不安が生じます。それは次第に広がっていき、子どもという小さな器（身体）から外に漏れ出そうになります（図3-1）。親はこの様子を見て、子どもに近づき、子どもの身体と一体化しようとします。子どもと身体をぴったり寄せてたくさん撫でたりさすったりしながら、子どもの感覚と自分の感覚とを一致させようとするようなことばもかけます（この場合、子どもが2歳という、実質的に言語理解が相当に可能な年齢なので、ことばを通して感覚一致を誘導することが可能です）。"あらぁ○ちゃん、イヤだね、こわいよね、飛行機の中って暗くてよく見えないね、あらあら○ちゃんのお顔はどこでしょ……（顔を捜すフリをして）あったぁ！よかった、○ちゃんがいて。あれあれ○ちゃんのお耳はどこでしょ、たいへんたいへん○ちゃんのお耳がないよ…あれあったぁ！よかった。あらぁ今度はお母さんのお目めがありません、たいへんたいへん○ちゃん探してちょうだい！あれぇ……あったぁ……よかったねぇ。くんくん、あら、いい匂い、どこからかな？ くんくん、あれぇ、○ちゃんのリュックのなかからいい匂い、なんだろ、なんでしょ、なあぁんだ？ あったりぃバナナです！"こんなふうに子どもの感覚と自分の感覚とを交流させ融合させるような関わりによって一体化（身溶かし）を図り、子どもの身体境界を溶解させ、いったん、不安を大きな器（親の身体）に引き取ることで、漏れださないようにした上で、次第に不安を小さくしていきます（図3-2）。そうしておいて、不安の大きさが子どもという小さな器にも収めることができるほどになったとき、そっと身を離して、子どもの身体を返してやるわけです（図3-3）。

第 2 章　子育てで何が起きているか　65

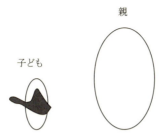

図 3-1　子どもの中で次第に不安が大きくなりそれが外に漏れ出そうとしている

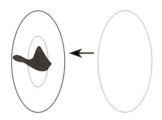

図 3-2　子どもに近づき一体化する中で漏れ出そうとする不安を鎮めていく

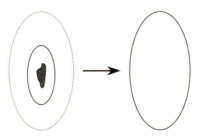

図 3-3　不安が子どもの身に収まる大きさになったところで身を離す

子どもの不安を鎮めるというのは非常に単純化していえばこういう作業であると思われますが、そのことができるためには、「身溶かし」のできる身体を親自身がもっていることがどうしても必要になります。いま「泣き」に象徴されるような子どもの不安を苦手とする親、子どもの不安に感応してしまう身体をもつ親、いや親だけではなく保育者や教師をも含めた大人が増えているのかもしれません。

5. 分け合わない暮らし

家庭のなかで増える私物

　このように近感覚型のコミュニケーションが時代の流れのなかで変質してきたことの背景の一つ、それが先に述べたサラサラ優先の生活感覚ということです。もう一つ、これと関連したより深い心理的背景を指摘しておかなければなりません。それは「分け合わない暮らし」または「私物に囲まれた暮らし」ということです。

　先に見てきたように「食事」という家族の基本的な場面においてさえ、必ずしも同じものを食べなくてもよいという感覚が芽生えつつあるようです。同様のことは家庭の暮らしのあちこちで生じています。風呂場の石鹸やシャンプー、バスタオル、化粧品、など至る所で個別化または私物化が進み、家族成員が一つのものをみんなで「分け合う」ような暮らしは成り立ちにくいのが「豊かになった」いまの時代の一般的な状態でしょう。

　昭和40年代初期まで電話は玄関に置いてあったはずです。それ

は家族以外の人間が使うかもしれない、貸したり借りたりするような「公共的な」ものだったからでしょう。それが昭和40年代も半ば以降になると、さすがに家人以外で使用することはなくなり、一家に一台、それは茶の間に設置されるようになりました。この頃によくいわれたトラブルが子どもの長電話ということであり、とんでもなくわがままな子どもがいくつかの家庭に出現しはじめ、それを野放しにして注意もできない親がいる、家庭のしつけはいったいどうなっているのか……といったことが問題になったはずです。いまやそんな長電話はある意味で問題にもなりません。子どもはすでに電話を私物として（つまり携帯電話を）手に入れてしまったからです。テレビについてもこれとほぼ同じ事情を考えることができます。チャンネル争いといったことばは、家庭に複数台のテレビがあることの方がむしろ普通になったいまでは、すでに死語になっているのかもしれません。

　コミュニケーションという視点から考えるとき、「分け合わない」暮らしは「わかり合えない」世界につながっていきます。わかり合う（コミュニケートできる）ということは分け合う（共有する、同じものを重なって使用する）ことのなかから生じると考えられるからです。

「公共」に開かれた身体の喪失

　このようにして私物に満たされた環境に生まれ、身体的同型性を幻想することからも遠ざけられた子どもたちにとって、その自我形成（私とは？　自分らしさとは？）はどのようなものになるでしょ

う。誰のものでもありえた場（公共の場）を母体として「私」を出発させるのではなく、逆に、他の誰かのものであってはならない排他的な場を「私」という幻想の出発点にせざるをえない……そういう自我形成にならざるをえないのかもしれません。この問題に関わる現象として、次に子どもの「私物」をめぐる争いのことを考えてみたいと思います。

保育所や幼稚園でいま見られる子ども同士の「モノの取り合い」には、単にモノが欲しい、両者が欲しいモノを貸す─貸さないということを超えた、余裕のない、抜き差しならない、傷つけ合いの相が感じられることがあります。2歳前後のトラブルにおいてよりも4〜5歳の場合のほうが、より「わかり合えない」という不可思議に遭遇することも多いのです。保育者はいわばマニュアルどおり、双方の言い分を「ことば」にすることでそれぞれの想いを吐き出させ、「ことば」で「わかり合う」ことができるよう間に入っていこうとされるのですが、保育者の存在などおかまいなしに手が出る、足が出る、罵り合う、そしてあっという間に保育者を置いて逃げ去る……そういう場面に出くわすこともあるそうです。保育者は自らの「ことば」の無力を感じ自信を失い、その子どもを「わかりにくい」ものと感じる……そういう状況が少なからずあります。子どもの主張はむしろ非常に単純簡潔なもので、要するに「僕の〇〇を取った、さわった、踏んだ……」ということです。しかしその単純・純粋な「私」の主張のゆえに、そこに「みんなのもの」だとか「順番に」とかいった「公共性」の入り込む余地はありません。「ことば」以前の段階においてそもそも排他的な「私」性から出発した

自我にとって、「私物」（とみなしたもの）は何よりもまず「私」の領域を守る防壁であり、これを人が触った、取った、踏んだとなればキレたり攻撃したりあるいは傷ついたりすることは当然のことでしょう。

　しかしながらこうした「公共性」を失った身体とその「境界」という問題は、子どもに固有の問題ではありません。たとえば大学でエレベーターに乗ります。途中の階から数人の学生が乗ってきます。おそらくエレベーターが来るのを待つ間、友人同士で話に花が咲いていたであろうその集団の話し声は、あろうことか、そのままの音量でエレベーターに乗り込んでくるのです。エレベーターが開いた瞬間、そこに一人でも人が乗っていれば、自然に話し声の音量が落ちるか若しくはしばらくの間は話さない……すでにそういう「公共に開かれた身体」が失われていることに驚きを感じます。これは「社会的なルール」を知るとか知らないとかいった問題ではありません。それ以前の「身体」の問題なのです。休みたいと思えばコンビニの前であれ、歩道であれ、電車の通路の床であれ座り込み、どこにでも「私」を垂れ流す……そういう身体を育て続けて、もうずいぶんな年月が経ってしまったということなのでしょう。

6. 社会性とは何か

傍若無人の時代

　これと同様のことは、何も「若者」を中心に起こっているわけではありません。ある小学校の運動会で綱引きが行われたときの光景

です。広いグランドの真ん中に大綱が引き出され引き手の子どもたちが綱に沿ってずらっと並ぶ……と、子どもたちの準備に合わせて親たちが次々とグランド内に入りはじめたかと思うと、我が子の前にビデオカメラなどを構えて立ち、たちまちのうちにグランド内は大綱に沿ったカメラの放列となりました。これではトラックの外からは綱引きの模様は完全に見えません。そこで本部席から次のような放送がありました。「応援席の子どもたちに見えませんので、保護者の方はトラックの外に出てください」。ところがあろうことか、多くの保護者は放送を無視するかのようにその場に居続けたのです。あるいは電車の「……ご面倒でも携帯電話のご使用はデッキに出てから……」というよく知られた車内放送にもかかわらず、座席で電話の会話を聞かされる機会は少なくありません。

　こうした例は、いずれの場合にも「規則」は明示されています。にもかかわらず！というところが重要でしょう。「いまどきの子どもや若者の目に余る社会性のなさ」をめぐる議論において見落とされているのはこの点です。いわく「小さい頃から善悪の区別をきちっと教えていない」「社会的なルールをきちんと教えていく必要がある」とよくいわれます。もちろんそれはそのとおりで、善悪の区別や社会的なルールを教えていくこと自体に異論があるわけではありません。しかしそのようにすることが、果たして求める「社会性」を育てることに本質的につながるのか、というところが問題です。要するにそれは「社会性」とは何か（何であるべきか）という議論でもあり、少なくともそれが「規則を知っている」ことではないということを、上の例は示しているのです。

多くの人が乗る電車のなかで、女性が化粧をなおしたりビューラーでまつ毛をカールさせている光景などは、30数年前、私が学生だった頃の東京の電車ではあまり見かけなかったように思うのですが、このごろは東京だけではなく、私の住む田舎の代表のような島根でも、高校生の女生徒を中心に目にするようになりました。そういう場面に出会うとき、少し年齢の高い人間は「傍若無人」ということばを思い浮かべることでしょう。「傍らに人無きが若し」つまり本当はそこに人が居るにもかかわらず、まるで周りに誰も人が居ないかのような無礼な振る舞い、という意味です。この「傍若無人」という一昔前？の「非礼」というものの基準を示す言い方から「社会性」というものを考えるとき、そこで基準になっているのは、すなわち「人というものの感覚」だということがわかります。そのように考えるならば、先の運動会の綱引きの場面において、我が子を応援することに（あるいはベストポジションから我が子のよい映像を撮りたいという欲望に）熱心な親たちにとって、我が子こそが「人」であって、それをトラックの外から応援している他の子どもたちはすでに「人」ではなかったということになるでしょう。また電車の座席で携帯を使用する人にとって、電波でしかない電話の音声こそが「人」であって、その間、周囲の座席に座っている見ず知らずの生身の他人は「人」ではなかったということになるでしょう。当事者の意識はともかく、ごく自然な対人態度の基準となっている「人というものの感覚」が「よく知っている人かどうか」「自分が親しくしたいと望んでいる人かどうか」あるいは「自分に関わりのある人かどうか」によって峻別されていることはたし

かであり、要は「自分に関わりがあると感じる対人関係の範囲」が非常に限定的になってきているということでしょう。

対人的距離感のコントラスト

同じく対人的な在り方（社会性）を示すことわざとして「袖振り合うも多生の縁」というのがあります。見も知らぬ者同士が一時的にせよ袖が触れ合うような距離に居合わせることは、現世ではただその刹那の偶然かもしれないけれど、実は前世か来世では浅からぬ因縁がある人なのだと心得なさい、ということでしょう。つまり「自分に関わりがあると感じる対人関係の範囲」を拡大する方向の表現といえます。私たちの「自分に関わりがあると感じる対人関係の範囲」はいま「袖振り合うも多生の縁」から「傍若無人」まで大きく移動してしまったといえるかもしれません。

「社会性」をこのように「自分に関わりがあると感じる対人関係の範囲」の問題であると考えるとき、今日の保育や教育で見られるさまざまな大人同士のコミュニケーションのとりにくさが、どのような意味でのすれ違いなのか、少しわかってきます。幼稚園や小学校の保護者参観日において、なぜ親同士が3人前後の小グループになりたがり、そのおしゃべりが注意しなければならないほどにうるさいのか、参観のときにはあれほどいた親がなぜ学級懇談会のときには蜘蛛の子を散らすようにいなくなるのか……。親しくしたいと感じる人との関係について過敏ともいえるような注意を払うのに、それ以外の人に対する関心は逆に極度に低くなってしまう……私たち大人がいま身につけているそういう対人的距離感のコントラスト

は、実はすでに子ども同士の仲間関係の形成に影響を与えていると思われます。「誰とでも仲良くしよう」といった教育的なタテマエとは裏腹に、子どもたちの仲間集団はどんどん小集団化しているのではないでしょうか。筆者の観察では、保育所・幼稚園から小学校時代に至るまで、子どもたちの仲間関係の基本的な単位はおよそ2〜3人を中心としており、多くても5人程度の小集団であるように思われます。中学、高校など思春期に入るほど、「親友」と呼ぶような濃密な小人数の関係に入っていく傾向にあることを考えると、極端にいえば幼少期の2〜3人からせいぜい5人程度の人間関係が、子どもたちの「自分に関わりがあると感じる対人関係の範囲」のもっとも標準的な範囲を形成する……という可能性も皆無ではないでしょう。核家族が増加し、その上、盆だ正月だ法事だといって親戚縁者がぞろぞろと集まってくるような風景も次第に見られなくなるにつれて、子どもが小さい頃から経験する人間の数そのものが少なくなってきます。筆者の住む島根県にはそうした光景がまだまだ残っているようですが、それでも親戚が集まる席に子どもは出てきたがらず、自分の部屋でゲームをしていたりする……とお年寄りが嘆くのを聞いたりもします。親戚でさえこうなのですから「多生の縁」など期待すべくもない、そんな時代の子どもの「社会性」の育て方について、もう一度、対人的な距離感の問題として考え直し、保育・教育のあり方を考えてみる必要があるでしょう。

第3章

学校における教師–子ども関係
——教育の現場をめぐる臨床コミュニケーション論——

1. 学校のなかの気流

滲み出す不安

　不登校と一口にいいますが、学校に行けない、行きたくないということの背景はたいへん複雑です。20年前に比べれば、ある程度の「市民権」を得ているようにも思われますが、それでもやはり何よりも本人、そして家族、さらに担任をはじめとする学校関係者にとっても、不登校という事象は重く暗い影を落とすものです。はっきりとした原因が語られる場合もありますが（そして事実、その原因となった出来事が取り除かれれば再び登校できるようになるといったケースもあるのですが）、多くの場合、原因というよりは一つのきっかけとなった出来事であることが一般的で、後々になってさえそのときの「本当の原因」といったものがよくわからないものです。

　こうした原因のはっきりしない「学校に行くこと」への漠然とした苦手意識や不安、あるいはより強い嫌悪感というものを考えるとき、それはどこからどのようにして生じるのでしょうか。たとえば、ある子どもが最初に感じたつまずきが、周囲の友だちとの

ちょっとした感情の行き違いだったとすると、それは「特定の友だち嫌い」ということにとどまってもよいはずです。"嫌なのは「その」友だちであり、「その他の」友だち集団は嫌ではない"といった心理的区分が可能であれば——言い換えるなら、自分のうちに生じた不適応感を、「特定の」環境条件との関係において限定的にとらえることができれば——問題はその特定の環境条件に対処することに限定されるため、これを避けたり、我慢したり、これとは別のより適応的な場を求めるなどの対処法がとられ事態が深刻化せずにすむかもしれません。

　Aという場や時間はすごく嫌だが、非Aならばそうでもない、Bという場は楽しめるし、Cという時間は好きである……そうした時間・空間の差異性（違っていること）が実感されているとき、つまりそうした時空の差異性との関係において自己の存在を実感しながらすごすことが可能なとき、たとえそこに不適応感が存在しても、それは限定的な意味を帯びているため、解消可能なもの、あるいは耐えることが可能なものとして位置づけることができます。問題はそうした時空の差異性が実感できなくなるときに生じます。特定の友だちとの間で生じた嫌な気持ちが、「その人間関係」や「その場」に特定化されずに枠の外へと滲み出して、さらには"全部が嫌だ"というところまで突き抜けてしまうとき、感じられた不適応感も時空を限りなく突き抜けてしまいます。「その友人関係」にとどまらず、「その学級」を突き抜け、「その学校」を突き抜け、「学校なるもの一般」が、その不適応感の投影対象となってしまうのです。

世界の平板化

　空間にしろ時間にしろ、それが自らによって生きられる空間である、あるいは時間であると感じられるためには——つまりその意味が自らの生の現実と関係づけられながら主体的にとらえられるためには——そこに何らかの差異性（分節）が生成され続ける必要があります。私たちはまず文化的に自動化された差異性を共有して生きるように育てられます。すなわち、1年という大きな一区切りがあり、そのなかは 12 の月に分節されています（現代の生活のなかでは暦のなかのことばでしかないのかもしれませんが 24 節気、あるいは 72 候という分節も残っています）。さらに週、そして曜日の変わる毎日を自動的に生きるわけで、少なくとも小学校入学時には、その自動化された分節を、疑問をもつことなく自らの分節とするように、つまりそのように区切られていることそのものがまるで意味のある日々であるかのように感じる……子どもたちはそういった感覚をすでに身につけつつあるのです。その自動性がいったん崩れるや、世界の様相は一変することでしょう。不登校で家庭に居る状態が長く続いたある子どもは、どうして自分は生きていなければならないのか、それを次のようなことばで語りました。「だって寝れば朝が来るでしょ。起きてごろごろしてると、すぐ暗くなって夜が来るでしょ。夜が来ると寝る、また朝が来ると起きる、夜、朝、夜、朝、寝る起きる、寝る起きる……ただそれだけじゃない」。こうしたことばに出会うとき、私たちは自身にかけてきた魔法が一瞬解かれそうになるのを感じて、少なからず身震いするのではないでしょうか。

このように、日々の時間や空間の分節が失われ、世界が単調で平板なものに感じられるようになったとき、あるいは時空の澱みを感じたとき、子どもはその場にいられなくなり、とりあえずは息を殺してその場を凌いだりしても、結局は自分に合った気流のあるところに新たな居場所を求めようとします。学校で子どもが集まる場所は、おそらくそういう場所であるはずです。そういう意味では、学校のなかに「違った空気の流れる時間や空間を創り出す工夫をする」ということは、それだけで立派なカウンセリングになると私は思います。

　この数十年間というもの、学校教育は子どもに「個性」「主体性」「自発性」といったメッセージを発し続けてきたはずです。にもかかわらず多くの子どもたちが、学校的時空の澱んだ空気を感じ、そこに自らのいきいきとした生の分節を生成することに困難を感じ、分節のない平板な世界に同化してしまうことを嫌うようになりました。これは学校教育の問題ということではなく、言ってみれば不幸なすれ違いであったと私は思います。子どもの側の条件と学校教育の側の条件とが、社会の変化や時代の流れのなかで見事にすれ違ってしまったのです。それはどういうすれ違いであったのか、次に考えてみたいと思います。

2. 同じであること（同一性）と違っていること（差異性）

コミュニケーションの２つの極

　コミュニケーションとは一般に伝達・通信を意味しますが、もと

もとは発信者側と受信者側とのメッセージの重なり（共有）を意味する語です。発信されたメッセージと受信されたメッセージの両方を円で描いたとすると、2つの円がぴったりと重なることが望ましい「伝達」といういうことになるでしょう（図4）。

「メッセージの伝達」を説明する上ではこれでよいのかもしれませんが、人と人とが「通じ合う」「わかり合う」といった臨床上重要な、そして多分に主観的体験について、コミュニケーションという語のもとで考えようとするならば、単純に2つの円が重なれば重なるほどよいコミュニケーションである、とはいえなくなってきます。2つの円（私とあなた）が完全に重なってしまうような「わかり合い」が望ましいと思われるような心的状態から、人とわかり合えなくても自分は自分であるような、つまり2つの円がまったく重ならないような心的状態を望ましいと感じるところまで、私たちの「人との重なり具合」の心理的な幅はたいへん広いといえるでしょう。

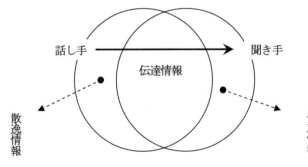

図4　情報伝達としてのコミュニケーション

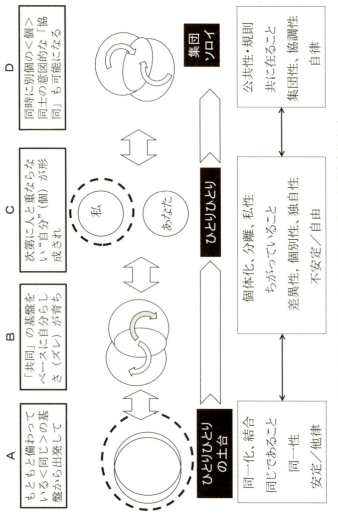

図5 コミュニケーションの2つの極と心理臨床的意味

この両極の心理臨床的な意味、あるいは教育臨床的な意味を整理すると図5のようになるでしょう。コミュニケーションをこのように人との重なり（共有性）という視点から整理すると、その発達の順序は、図の左方から出発して次第に右方へ向かうと考えられ、通常は親との一体化状態から出発した個体が、次第に分離をとげ心理的な意味で個体化していくと考えられています。

　この図5で注意していただきたいのは、他者と一定の重なりをもちながら、そこからのズレとして自分らしさが表現されている状態に2つの種類があるのではないかという仮説を提案しているという点です。1つは他者と同一化することや他者への依存（Aの状態）を心理的基盤としながらも、そこから次第にズレる形で自己が出現しつつある状態（Bの状態）で、「個」が確立される過程における過渡的段階と考えられ、これを「共同」の段階と呼んでおきましょう。この段階での他者は誰でもよいわけではなく、不安を鎮め安定を与えてくれる依存の対象であり、重なりをもつことができる（共同性が発揮される）対象は限定的です。一方、もう一つは「ひとりであること」（Cの状態）が心理的に達成された後の段階における、他者との意図的な重なりであり、より広範な他者との意図的・相互的な「協同」が主体的に選択されている状態（Dの状態）といえます。

「ひとりひとり」に向かうことの不安

　学校教育（特に日本の学校教育）は集団の場であることから、どうしても集団行動の規律や周囲との協調性を求めがちになります。

特に最近では授業の中でも少人数のグループで話し合いながら進める学習形態が多く、お互いに意見を出し合いながら協働で学習を進めていく授業風景をよく拝見します。他者の意見に耳を傾けたり、自分の考えを他者にわかりやすく表現したりといったコミュニケーション力が身につくとともに、そうした相互作用に主体的に参加することによって、受け身の授業に比べて学習の定着度が高かったり、学習自体への意欲が向上したりといった効果が期待されているものと考えられます。

　このように、他者と関わりながらも主体的に自己発揮していく姿こそ図5の「協同」（D）であることは言うまでもありませんが、教育が期待しているそのような姿が本当に発揮されているかどうかは、その手前の状態、すなわちCに示された「ひとりひとり」であることがきちんと達成されているかどうかにかかっています。多くの教育実践研究において「子どもの主体的な〇〇」「子ども自身の発想で〇〇する」「自分で見つける〇〇」といったフレーズを見かけますが、こういう場合、真の意味で子どもの個性や独自性が発揮されるためには、個々の子どもの「ひとりひとり」に基盤を与えるもの、すなわち図のAの状態に「不安」がないことが非常に重要です。もしそうでない場合、子どもはCの状態に向かって進むことが求められれば求められるほど、Aの状態の不安が大きくなり、表面的にはDに見える活動をしていても、実際の子どもの姿はBの状態であるといったことがよく起こります。一人ひとりが主体的な活動をしておりながら、友だちとの協力関係や相互の実りある関わりが同時に展開されている……といった活動がねらいとし

てあがっている場合、そこに見られる他者との重なり（共有、コミュニケーション）がどのような質のものであるかについて、この図5のCを挟んだBなのかDなのかといった視点は比較的有効なのではないかと考えています。一見、Dに見えながら、関わる相手が非常に限定的であったり、狭い目的にとらわれて排他的であったり、遊びや学習活動が創造的展開に乏しかったりする場合、実はBの段階の相互依存的関わりにとどまっており、その集団（2、3人の少人数である場合が多い）のメンバーはいずれもAの段階に一定の問題を抱えている、といった状況が見られます。

　先に指摘した「不幸なすれ違い」とは、一つには学校教育が子どもに発し続けてきた「個性」「主体性」「自発性」といったメッセージ（つまり図の右側へ！）と、子どもの抱える現実（図の左側の不安）とのすれ違いのことです。図の右側へ向かおうとする教育の理念は肯定されるべきものですが、しかし、子どもの現実はそれに耐えられるような状態だったかどうか、そのことを現代の子どもの心的発達の流れの中で追いつつ検証してみる必要があると思います。

二重化されやすい教育のメッセージ

　もう一つの「すれ違い」の意味は、現代の教育のメッセージそのものに関係しています。教育のメッセージは果たしてほんとうに「ちがっている」ことを肯定しえているか、ということです。表面的に聞こえてくるメッセージは、確かに「個性」「主体性」「自発性」といった響きなのですが、一方、どこかでいつも「同じであること」「そろうこと」「合わせること」が子どもに要求されていて、

それを子どもは感じているのではないでしょうか。"自由に意見を言って"とは言いながら、先生が「本当に」求めているのはどのような質の意見であるべきか、"班で自由に行動して"と言いながら、「本当は」どの程度の行動範囲を「自由」と呼んでいるのか。教育における表面のメッセージが図5のCを指し示すものであるとき、子どもはその「本気度」を探ろうとします。そもそも私たちのもつ教育のシステム、すなわち学校というものは「ちがっている」ことを志向して作られたものではありません。学校とは、個別の遺伝的・環境的条件のままに任せておくとかなり違ったものになりがちな私たちが、その文化や社会にとって必要な「最低揃うべきところ」を効率よく形成するための社会的装置であったはずです。だから学校教育は図5のDを求めるのですが、これを実現するためにはCの状態がしっかりと確立されている必要があり、また本気で肯定されている必要もあるわけです。Cの状態（ひとりであること）がまだ不安定で、個の確立途上にある子どもたちにとって、「自分らしくあること」と「人と協調的にあること」とが二重拘束的な性格をもってしまうことは、ある意味で当然のことでしょう。だから「教育」と真面目に対峙している子どもたちほど、大人が「本当は」何を考えているのかを鋭く察知しようとアンテナを高くします。一方、そういう状況がまったく読めない子ども達は、教師から見ると「まったく好き勝手」をしているように見えることになり、そこに両者の通じ合えない関係（すれ違い）が生じてしまうのです。

両極の快と不安

　教育の問題を離れて心理臨床的に考えるならば、重要なことは、コミュニケーションの両方の極（図5のAとC）にある「快」というものが子どもに感じられているかどうか、ということです。人と「同じである」こと、他者と一体になること、拘束されているがゆえに安定していることの快感（A）。一方で人とは重ならないこと、「ちがっている」こと、自由であるがゆえに不安定であることの快感（C）。どちらの極も幻想あるいは錯覚といえるものですが、その両極のコミュニケーションの快感が、人間のコミュニケーションの往還運動を動機づけています。一方の極の側へとコミュニケーションが固定化していくこと、往還の幅が狭くなること……そうしたことがコミュニケーション（人との通じ合う関係）を疎外しその不全につながります。こうしたコミュニケーションの「快」が教育の場面を通じて子どもたちに伝わっているかどうか、そのことを考えてみる必要があると思うのです。

3. 教育とコミュニケーションの多義性

説教と子どもの腹立ち

　ある小学校の掃除の場面です。6年生の女の子たちが4人で外のゴミや落葉を拾い集め、それをリヤカーに載せて校庭の隅へと運んでいました。校舎の側へ戻ってくるときリヤカーは空車となります。その空車に2人が乗り、あとの2人がそれを猛スピードで引っ張って蛇行しながらキャーキャーと楽しそうな声をあげて、4人は

掃除から戻ってきました。運悪く、というか当然というか、その目立つ行動は掃除指導の教師の目にとまり、彼女たちは4人そろって叱られることとなります。要するに掃除の時間にふざけてはいけない！ということですが、それに、最上級生なのに……とか、6年生にもなって……とか、今週のめあてをみんなで確認したのに……とか、そういったおまけがついて説教は長くなります。4人は明らかにふてくされていますが、先生に言い返して説教がさらに長引くのも嫌なのか、黙って下を向いたままです。やっと解放された彼女たちに、「何でそんなにふてくされていたの？」とこっそり聞いてみます。彼女たちの言い分はこうです。「たしかにふざけてたよ、でもその前は掃除してたし、いっしょうけんめいゴミも拾ってたんだよ。それをちょっとふざけてたからって、ずっと掃除をしてなかったみたいに言うんだもん。こういうときって何言ってもだめで、言えば言うほど怒るから黙ってるわけ。そのうちだんだん腹立ってくるの。"先生、全部見てたわけじゃないでしょ！ あんただってテストさせといて寝てることあんじゃん！"とか、だんだん他のことまで腹立ってくるわけ……」と彼女たちは一気に我慢していた怒りを爆発させました。

　こうした場面はもちろん学校だけに限ったものではありません。たとえば家庭でもこんな場面はよくあるのではないでしょうか。子どもが帰ってきてごろごろしています。カバンも何もかもそのまま投げ出してだらしなくしている姿をしばらく見ていて親はこんなふうに注意します。「○ちゃん、あんた帰ってきてもう30分すぎてるよ。いいかげんごろごろするのやめて、先にすることしたらどうな

の？ 宿題はないの？ 先にすることをしてからごろごろしたらどうなの！」と。そういうとき子どもはこう言います。「お母さんったら、うるさいなぁ。いま、やろうと思ってたのに！ 人がやろうとしているときに言うんだから、かえってやる気をなくすわ」。

　リヤカーの例にせよ、家庭の例にせよ、子どもの行動に教師や親が口を挟み注意することは当然です。いちいちうるさいと言われようが、何と言われようが、親や教師はそうした場面に出会ってまったく知らない顔をするわけにはいかないでしょう。どのような言い方がよいのかという問題はともかく、注意、叱責、説教というコミュニケーションも、教育の一つの正当な関わりであると私は思います。そういう大人の側から見ると、上に紹介したような子どもの言い分は、どちらかというと屁理屈、口ごたえの類に見えるでしょう。が、しかし、ここで考えてみたいことは、その屁理屈に子どもの側からの正当性がどの程度あるかということではなく、「子どもの心のなかにそのように言いたくなる気持ちが（ほとんど例外なく）生じる」ということそのものの正当さということについてです。私たち大人自身も、かつて子どもだった頃、大人の説教を受けたことが何度となくあるでしょう。そのときにやはり同じセリフが心をよぎったのではなかったでしょうか。「いま、やろうと思っていたのに」「さっきまでちゃんとしてたよ」「べつにぜんぶふざけてるわけじゃないもん」「どうしてそういうとこだけしか見てないわけ？」……。

意味づけようとする他者のまなざし

　大人からの注意や叱責に対して子どもが必ずといってよいほど抱くそうした心の声は、通常は、合理化などの防衛機制であると解釈されます。つまり自らの行動に対して外から負の評価が与えられた場合、それが過度に自我を傷つけないためには、外部の評価を強引な理屈によって不当なものと位置づけなおしたり（合理化）、自分を傷つけようとする外の存在の欠点をあげてこれを否定しようとしたり（攻撃―他責）、逆に外からの評価以下に自分をおとしめて過度に自分を責めたり（攻撃―自責）、いずれにせよ、それは自我による防衛であると考えられてきました。たしかにそういう視点も有効なのですが、この現象をコミュニケーションという視点から考えると、どのような解釈が成り立つでしょうか。

　私はコミュニケーションがその発生の時点からもともともっている構造に注目し、「他者による取り出し」ということを指摘してきました（肥後 1992）。これはヴィゴツキー（Vygotsky, L. S.）などによる inter-mental（精神間機能）から intra-mental（精神内機能）へという見方、すなわち、子どもがその行動の出発点において自覚的に「する者」になっていくためには、まず他者によって「する者」であると見られることが必要であるとの主張に依拠しています。あいまいな全体としての個体の行動（あらゆることを意味する可能性の全体）は、意味づけようとする他者と出会うことによって、ある一定の方向から関わられるようになり、そのように関わられることが、もともとの個体の行動を記号的に整形し、さらにそれが次第に言語で描写しうるような形に近づいていくに及んで、当の

個体の側には「している」という自覚が生じるようになります。いったん、そのような自覚が生じると、個体は自ら記号化された行動を「する者」であると意識するようになるでしょう。肥後（1992）は小さな子に「お水をさわる」という意識が生じる場面について述べていますが、こうした事情は初期コミュニケーションの発生的な場面においてのみ観察されるわけではありません。実は成人同士のコミュニケーションにおいてもまったく同じ構造が見られますし、そのようなコミュニケーションモデルを想定しておくことが、臨床上たいへん有効であると考えられるのです。そのためにはまずわれわれのコミュニケーション行動そのもののもつ「多層性」ということを考えておかなければなりません。

4. コミュニケーションが成立するということ

行動に対する2つの見方

　図6を見てください。図6-1は行動に対する一つの見方です。この見方によれば「ある行動をしている」ときは、当然、「他の行動はしていない」のであり、われわれの行動とは、時間軸に沿った単一の単層的な（一義的な）行動セットのON－OFFであると考えられています。ところがこれはたいへん一面的な行動の単純化による意識の上の所産であって、実は私たちは時間軸に沿って（場合によっては時間軸を離れて）同時に複数の行動を生きている、そういう存在であると見るほうが妥当なのです。私はいまこの原稿をたしかに書いていますが、同時にときどき時計を気にしていたり、小さ

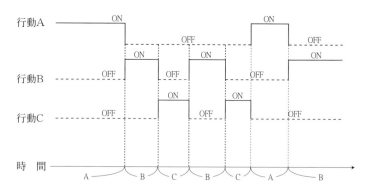

図6-1 平面的に見た場合、行動は単層的な ON−OFF の連鎖に見える

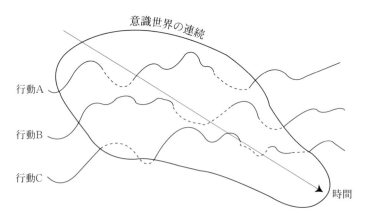

図6-2 一つの意識の上でのつながりとは別に、複数の行動が ON のままである

な音量で流しているチェロソナタの CD がもうすぐ終わると思ったり、明日の予定を思い浮かべたり、裏庭から聞こえてくる虫の音がふと止まったことに気づいたり……とにかくさまざまな意識が（そ

の強さの程度は異なっていますが）常に複数 ON になっていることがわかります。こうした認知の現実はカクテルパーティー問題としてよく知られているように認知心理学も指摘するとおりです。とするならば、私たちの行動は本来、図 6-2 のように描くことができます。この図の一つの意識（楕円で示しています）の上ではまるで 1 本の線がつながって描けるようですが、その意識の面に上ってこないからといって行動それ自体が OFF になっているわけではありません。コミュニケーションにおいても、このようにさまざまな行動の解釈可能性（意味される前の全体性）が、まずその出発として存在すると考えられます。そのことをここでは「多層性」と呼んでおきます。

他者による取り出し

そこへ、ある特定の他者が現れて、その個体の行動に一つの意味を与えようとします。それが「取り出す」ということであり、それは「関わる」ということとほぼ同義です。人が人に関わろうとするとき、すなわちコミュニケートしようという意図をもつとき、関わり手のなかでは相手の行動に対する意味づけ（すなわち「取り出し」）が始まっています。こういう視点から考えるならば、コミュニケーションが成立する（ような方向に二者が動く）ということは、多層性（多義性）から単層性（一義性）の世界へと移行するということに他なりません。あらゆることが意味できてしまう、自由でしかし不安定な個としての世界を離れ、ある一つのことをしか意味できない、不自由でしかし安定した他者との関わりの世界へと

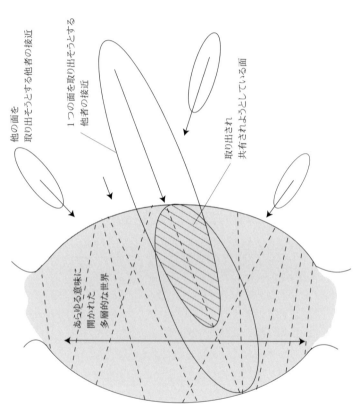

図7 多層から単層に移行することで成立するコミュニケーション

入っていく、それがコミュニケーションが成立するということです。図7はコミュニケーションのそういう姿を示したものです。

　先のリヤカーなどの例において子どもの側に必ずといってよいほど生じる「口ごたえ」の意味……それは大人の側からの「取り出し」に合ったとき、「そうでない面を見てもらえなかった」というささやかな抵抗の声なのです。すなわちコミュニケーションそのものが本来もつ多層性が、特定の他者との関わりにおいて単層性の世界に移行するとき、押し潰された層から漏れ出てくる軋みの音なのです。子どもの側が自ら望んで単層的なコミュニケーションに入っていくわけではなく、教師の側からの一方的な「取り出し」であるために、すなわち無理やり教師の側から見える単層的世界に付き合わざるをえない、そういう状況のなかで生じる子どもの心の声であると考えられます。

5. 教育の場における「出会い」の意味

コミュニケーション障がいの意味

　教育の場において繰り返されている人と人との関わりを、上にみたようなコミュニケーションの性質（多層性―単層性）から考えるとき、子どもにとっての学校の毎日は「自分がどのように相手から見られているか（自己イメージ）」と「相手はどのように自分を見る人か（他者イメージ）」が同時に形成されるような、そういう毎日だということに気づきます。もちろんこの過程はボウルビィ（Bowlby, J.）がいう IWM（internal working model）といった

「人」に関する表象の原型のようなものの影響をたぶんに受けるものでしょうが、しかしそれを基盤にしながらも新たな表象を生成していく可能性のあるプロセスでもあるでしょう。いったん、相手との「関係」が成立する（交信する際の回路が設定される）ということは、本来、どのようにでもありえた（多層的な）相手からの見られ方（および相手への見方）が、一つの単層面に絞られていくということです。それが安心して心許せるような面に固定される場合もあれば、逆に「この人とはわかり合えない、付き合いたくない」といった緊張や不安や嫌悪感を伴うような面に固定されるような場合もあるでしょう。私たちは後者のような状態をコミュニケーション障がいと呼んできました（大石ら 1991, 大石 1995, 肥後 2000）。

出会いの意味とカウンセリング

人と出会い関わるということをそのように考えてみるならば、教育の場にはいつも通じ合える可能性と通じ合えない可能性とが等しく開かれていることになります。だからこそ子どもはその育っていく過程において「さまざまな人と出会う」ことがぜひとも必要になるのです。私たちは自分ひとりでは自分になれない、そういう存在です。他者から「取り出される」すなわち「見なされる」経験によって、自分の気づかなかった自分、思いもしなかった自分に気づくことができます。それが受け容れがたい自分の姿であることもあるし、そのような「見なし」に傷つくこともあるでしょう。けれども、それも「人と出会う」という経験の一部なのであり、そのようにして「意外な自分と出会う」ことにより、ことばにならずに混沌

としていた自己の全体性が、ことばとして意識化された（自らの手の内にある）単層性へと変換されていくことになります。それを自己形成の過程と呼ぶこともできるはずです。

　担任が替わったり、進級でクラス替えになったりしたとき、子どもの対人関係は大きく揺れ動きます。これまでの見方—見られ方（取り出し合う関係）が大きく変化するときだからです。いままで「そういう子だ」と思われていた、そのようにはもう見られないかもしれないし、いままで思いもしなかったような見られかたをするかもしれない、そういう不安な出会い……つまり単層的になったコミュニケーション関係が再び多層化する、それゆえの不安定が出現することになります。しかしそれが「人と出会う」ということの意味であり、学校というところが集団の場であることの積極的な意味です。教師は、そのような意味での「出会い」の場に立ち会う、そういう重要な役割があるということを認識しなければならないでしょう。

　カウンセリングもまた、こうした多層性回復をその本質としています。ロージャズのいう一致（congruence）の概念は、自己概念と経験を表す二つの円の重なりとして描かれますが、これを多層性回復のプロセスと見ることも可能でしょう。どんなに気持ちが落ち込んでいても元気なところや健康な精神性はどこかにあるはずですが、それが自分ひとりでは見つけられなくなることがあり、自己の単層化されたイメージにはまり込んでしまうことがあります。そういうときに自身の多層性を回復するための一つの方法として、カウンセラーという特殊な「他者と出会う」方法（来談者中心療法）を

位置づけることができるでしょう。

見なす―見なされる関係
以上の議論を教育の場におけるコミュニケーションという観点に即してまとめると次の3つの状態を想定することができます。

①無秩序な情動的行動の世界―不安定な可能態の世界
　子どもの行動は、さまざまなことを意味しうる可能性の総体として（可能態として）あり、その現れとしての行動と表裏一体である心理性もまた無秩序な（記号化以前の、あるいは名づけられる前の）ものであり、情動的行動とも呼べる世界にいる。

②「見なし（取り出し）」による単層化―安定した、しかし窮屈な
　一義性の世界
　他者が関わることによって、子どもの多義的行動はその社会・文化に固有の視線からまなざされ、意味あるものと見なされ、名づけられる。そのような一義性の方向へと向かう関わりによって切り出された行動は、記号化されることによって整形され、すでに名づけられた典型的行動をモデルとした行動を「する」ようになる。それがコミュニケーションが成立するということの基本である。しかし記号化されなかった全体性の残滓（記号化を免れた情動的行動の可能態）は、記号化されて安定を得た行動の裏にあって、異議を唱え続けている。それは「行動がいずれ変わっていく」ことの可能性でもあり、いったん、記号化のプロセスを経た後、その子らしい個性的行動へと変化・成長していくためのエネルギーでもある。

③複数の視点から見なされることによる多層化─安定して自由な多義性の世界

さまざまな他者に出会うことによって、さまざまな「見なし」を経験し、そのように記号化された単層面が次第に層を成していく。ある他者との関係においては切り捨てられた可能態としての情動的行動が、別の他者と出会うことで再統合されたり新たな意味を与えられたりして、秩序と厚みのある安定した、しかも自由な多層性の世界へと再構成されていく。

このように考えるならば、教育場面における子どもとのコミュニケーションにおいてもっとも大切なことは、「柔らかく見なす」ということになるでしょう。子どもとのコミュニケーションが成立することをめざすというのは、上の②の状態をめざすということになるので、子どものある行動の全体を、取り出し名づけるということになります。この章の冒頭にみたように、リヤカーの女の子たちの行動を「ふざけている」と「見なす」ことです。けれどもあまりにこの「見なし」の一義性が硬く、そして一方向的であるとき、子どもとのコミュニケーションは阻害されてしまいます（通じ合えないわかり合えないという一義性が成立し固定化してしまう＝コミュニケーション障がい）。

しかし一方、教育という世界が子どもとの関わりを志向する限り「見なす」ことを怖れてはいけません。子ども同士で関わり合って見なし合うということももちろん大切ですが、第1章、第2章の議論を踏まえて考えるとき、やはり私たち大人が子どもといっしょに

教育の場にいることの何よりの理由は、子どもの行動に「意味を与えようとして関わる」ことです。それが私たちの住む世界の記号体系を（つまり社会的規範や文化を）譲り渡そうとすることなのです。そうでなければ子どもはいつまでも上の①の世界のなかにとどまることになります。あるいは大人の住む記号体系とは別の世界に住むようになってしまうでしょう。

6. 教育の場における共通理解

教師の魅力

このジレンマの状況を救うためには「柔らかく見なす」という方法しかないのではないでしょうか。「柔らかく」ということには二つの側面があります。「一人の関わり手が多面的な関わり方を工夫することによって」という側面と、「さまざまな関わり手の存在自体が多面的な見なしを提供することによって」という側面です。前者のアプローチは一般に「子どもに対する見方を変える」といわれていることの中身です。口で言うほどたやすいことではありませんが、子どもの指導をする立場の人間が身につけていかなければならない臨床的技術の一つでもあります。そういう見方の柔らかさは重要ですが、逆に一人の個性的な関わり手としての教師の魅力という点から考えたとき、「あの先生はこういう先生」というとらえやすさ、わかりやすさ、親しみやすさも大切です。子どもはそういう見方が好きですので、あえてある単層的な見方をアピールすること（そのような見方をする教師と見なされること）も場合によっては

必要なことかもしれません。漫画などの世界で登場人物の人間像（個性）がくっきりと明確になっていることを表現するのに「キャラが立つ」という言い方があります。"この人物ならきっとこういうものの見方をするだろう""こういう状況ならこの人物はこういう反応をするはずだ""この行動はいかにもこの人物らしい"といった感じにつながる「わかりやすさ」は、その人物の統合されたパーソナリティを素直に表現することによって生まれるものでしょう。もちろんだからといってその人物がまったく平板で単層的なパーソナリティだというのではありません。あくまで教育場面における（あるいは子どもと接する際の）表現（現しかた）ということです。

教師集団の空気

どの先生も内面には「柔らかく見なす」力をもちながら、一方で子どもに対して個性的でわかりやすい姿を表現する、そのような教師自身の自由で個性的な姿が、先生の数だけ子どもの目に映る……臨床コミュニケーション論の上でそのような学校を一つの理想として描いてみるとき、そういう姿が実現されるために必要な教師集団の空気というものがあります。これは何も教師集団に限ったことではないのですが、個性の発揮ということが目標とされる学校という場で、それぞれの教師の個性的な姿が「よさ」として子どもに伝わらないとしたら、それは大きな問題でしょう。これは学校という場や教師集団だけの問題ではなく、社会全体での学校教育というものの位置づけや、教師の個性を受けとめる側の保護者や子どものコミュニケーションの特性ということとも関係するので機会を改めて

検討したいと思います。こうした視点に立って見渡さない限り、今日、多くの先生方が行き詰まりや困難を感じ、保護者の側でも不満や伝わらなさを感じている、保護者－教師の関係（コミュニケーション）の問題にアプローチすることは困難でしょう。

2つの共通理解

　教師集団の在り方ということについて、教育現場でよくいわれるところの「共通理解」という語を取り上げ検討することで、この節のまとめにしたいと思います。教育相談部や生徒指導部の会議においてもっとも重視される概念はこの「共通理解」ということのようですが、実のところ、具体的には何をどのようにすることが「共通理解」なのかという基本的な問題はあまりよく考えられていないのではないでしょうか。「教師集団が情報を共有し、問題についての認識を一致させること」と言ってみたところで、あまり事態は変わらないでしょう。第一、本当にそんなことが可能なのか、もし可能だとしても、それは本当に望ましいことなのでしょうか。

　この節では教育場面のコミュニケーションにおける多層性ということの意味を検討してきました。そういう観点からすると、共通理解とはどのように考えられるでしょうか。図8-1は通常考えられている「共通理解」のイメージです。A先生、B先生、C先生……にはそれぞれその先生なりの子どもの問題、事態についての把握というものがあります。それを互いに提出し合い、そのもっとも重なり合った部分を「共通理解」と呼ぶ……そういうイメージであり、一つの見方（一義性）に集約していくタイプ、いわば公約数としての

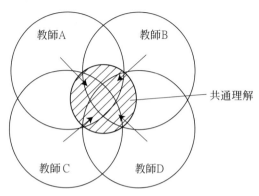

図 8-1　公約数としての共通理解

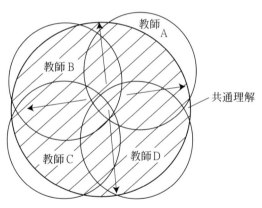

図 8-2　公倍数としての共通理解

「共通理解」といえるでしょう。これに対して図 8-2 はどうでしょう。これはむしろさまざまな見方の可能性（多義性）へと拡散していくタイプ、いわば公倍数としての「共通理解」です。

どちらが「正しい」ということではないのです。しかし漠然と「共通理解」なる語が用いられる場において、いま図8-1のイメージが定着しているとしたら、タテマエとしての一致（重なり）は作れても、各教師の内なる個性的理解の声は抑圧されてしまいます。そのような「共通理解」があらゆる場面で繰り返されることは、先に述べたような教師の魅力的な存在性を次第に失わせていくことになるでしょう。子どもから見ると「結局どの先生も同じ、みんなそういう見方をするわけね」ということになり、せっかく教育という場が持ち合わせている多層的な関わりは閉ざされ、子どもに陰でこっそり「ホンネ」を洩らす教師だけが子どもに信用される……という変な（しかしよく知られた）現象が生じます。"みんなちがって　みんないい"という金子みすゞの詩のフレーズが教育では好んで使われるようですが、それはまず教師集団に向けられるべきものでしょう。

第4章

「気になる子ども」の理解と心理臨床
――障がいをめぐる臨床コミュニケーション論――

1.「気になる子ども」の理解をめぐって

問われている「理解」の道筋

　大学の教員にとって、保育・教育現場の研修会に参加させていただくことは、たいへん貴重な勉強の機会です。自分が日頃考えてきたことや書物・資料などで学んできたことが、実際の保育・教育現場で通用するかどうか、毎日子どもと身体でぶつかりことばで渡り合いながら暮らしているプロの方々に通じる言語を自分がもっているか、そうしたことを検証する機会であると同時に、何よりも実際の保育・教育場面、子どもや大人の様子から、新たに研究すべきテーマや課題を得ることができる、何にも代えがたい機会なのです。そういう現場研修のテーマ、先生方の問題意識が、この10年くらいでずいぶん変化してきたと感じます。たとえば幼稚園や保育所での研修の場合、以前は全体としての保育の在り方、とりわけ当該クラスの子どもの発達段階やその時期にふさわしい保育内容であったか、保育者の接し方や環境構成あるいは教材は適切であったか、などが視点となった研修でした。けれども最近では、ある組の特定の子どもについて、事例研究的に研修したいという要望がとみ

に増加しているように思われます。全体としての研修テーマは従前どおりでも、研修の前に「実はそれに加えて……」と、特定の子どもの様子について観察するよう要望される場合もあります。後から全体の研修会のなかでその子どもへの関わり方などについて何か専門的なアドバイスが欲しいというリクエストです。

　子どもの状態像はさまざまですが、「乱暴で周囲とのトラブルが絶えない」「勝手に飛び出したり集団から離れていく」「いつまでたっても友だちとの関係が作れない」「コミュニケーションが成立しない」などが多いように思われます。これらの子どもについて保育者や教師は多くの場合、従来型の知的障がい、情緒障がい（自閉症を含む）とは異なるとの印象をもっており、それが「理解できない」という感じの基底にあるように思われます。知的な面は普通である、情緒的にも大きな問題は感じられない……にもかかわらず、なぜ！　という思いを強くもたれるために、よくわからない子どもととらえられているのでしょう。近年「発達障がい」という語が普及しましたので、とりあえずそれではないか（「発達障がい」の疑い）という「理解」が落ち着きどころになる傾向も見られます。実際のところ、すでに医療機関の診断を受けており、たとえば「ADHDのT君」というように障がい名が付いた形で事例検討が行われる場合もあります。

　このような従来の障がい類型では理解しにくい子どもについて、これを「発達障がい」と総称するカテゴリーのなかで脳機能の障がいとして「理解」しようとする試みが、ざっとこの10年の間、進められてきたように思います。"何だか理解しにくい子だと感じて

いたが、医療機関で「発達障がい」と診断された""担任としての私の関わり方が問題だと悩んでいたけど、「発達障がい」だとわかって少しほっとした""育て方に問題があるのでは？ と思って家庭への働きかけを強めてきたけど、「発達障がい」だったのか"……そうした「理解」が一定程度、浸透してきたと感じます。そしてもちろん、それで問題が解決したかといえば、そうではありませんでした。そのような「理解」、つまり診断名が付くことによる「理解」は、保育・教育の現場における「わかりにくい子ども」を位置づけるための一定の枠組みを与えることにはなりましたが、同時に保育・教育が取り組まなければならない本質的な問題を、より鮮明にすることになったように思います。

障がい名と「理解」

「わかりにくい子ども」に診断が下されること（障がい名が与えられること）によって、ともすれば子ども本人の「わがまま」「自分勝手」「性格的傾向」、あるいは親の「放任」「不十分なしつけ」「不適切な養育」によるのではないかと見なされがちだった問題行動が、（脳機能の）障がいによるものとして正当に位置づけられるようになりました。こうした「わかりにくい」子どもへの「理解」がまず必要だという位置づけがなされたことは、非常に重要な第一歩であったと思います。ただし「障がい名が付くこと」＝「理解」では、当然なかったのです。たとえば落ち着きがなく、いきなり人を押したり叩いたりして、保育所でトラブルを起こしてきた4歳児のT君が、ある日医療機関を受診してADHDだと「わかった」と

しても、それはT君を本当に「理解」するためのスタート地点にすぎません。なぜならADHDの診断基準として記載されている一般的な行動特徴のセットを一定程度もっているT君（つまりADHDのT君）ではありますが、当然T君にはT君の生まれつきの性質や育ってきた環境に由来するT君らしい行動特徴（T君のADHD）があって、それを理解しないことには具体的にどのように関わり何を支援すればよいのかが見えてこないからです。このあたりの「理解」をめぐる話をもう少し丁寧にしておきたいと思います。

生理・病理からの「理解」の特徴

今日、子どものあらゆる問題行動や不適応の背後に生理・病理的な問題（特に脳機能の障がい）を仮定する考え方が一般的です。筆者はこれを仮に病理仮説と呼んでいます。当然のことですが、問題行動や不適応に限らず、あらゆる人間の行動や心理は生理的過程に支えられていますし、原理的にはすべて生理学、脳神経学、生化学的反応の所産として説明可能でしょう。ただおそらく当分の間、われわれの心的経験の多くをすべて物質科学の用語で説明できると考えることは現実的ではありません。たとえそれが部分的に次第に可能になったとしても、そこでできることは「一般化された心的過程を生成している一般的な生理過程」についてモデル化することでしょう（もちろんそれだって科学的にはすごいことなのですが）。たとえばわれわれが夢を見るという心的経験をしているときには脳内で生理学的にどのようなことが起きているのか、といったことに

関する一般化はずいぶん進んできています。しかしだからといって、個々の人間が主観的に経験している夢の世界が具体的にどのような内容なのか、またその意味するところは何なのか、などの解明を生理学に期待することは難しいでしょう。

人間をめぐる現象は、どれをとっても複雑で多次元にわたるため、学問分野のどれか一つの体系や仮説で説明しようとすることにはもともと無理があります。図9は人間の存在性を多層的にとらえようとする一つのモデルです。上で述べたように、人間の行動や心理が物質科学や生物科学（生命科学）の基盤の上で営まれているこ

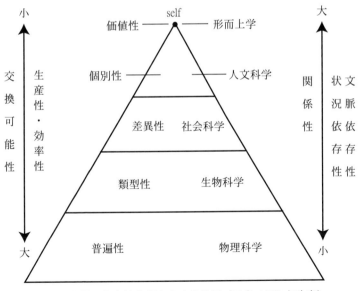

図9　人間の存在性を規定する条件層（三島 1982 を改変）

とは疑いえないことですが、だからといって物質科学や生物科学のモデル（説明）が、アプローチしたいと考えている現象をもっともよく「理解」できるものとは限りません。私たちが人間をめぐるある問題にアプローチしようとするとき、どのような層においてその問題をとらえるか、あるいはその問題の全体像や本質をよく反映しているのはどのような層であるのか、ということを考えなければならないのです。

　人間をめぐる問題の全体像や本質を生理的な層で説明したり生理的アプローチでとらえることがうまくいくのは、時代、地域、社会、言語、文化、個体といった条件を超えて、広く共通した現象が見られる場合についてです。ある心的経験について、ことばも文化も異なる国と国との間で「同じである」「共通している」と見ること自体、難しい面も含んでいるのですが、病理現象については比較的共通性の高いものと考えられてきました。たとえば統合失調症のような精神病や吃音のような障がいについて、何らかの生理的病因（因子）、あるいは生理的基盤（メカニズム）が解明されたわけではありませんが、にもかかわらず、何らかの生理的な背景をある程度の強さで想定することが妥当だと考えられるのは、時代や地域を越えてある程度の本質的共通性が見られるからだと思われます。もちろん、だからといって生理的アプローチのみが有効性・妥当性をもつと考えるのは早計かもしれません。

　このように考えると、子どもの問題行動についても病理仮説によって説明することが有効だと考えられるのは、図9の下方の条件層によって規定されるものについてだということになります。つま

り「いま、問題にしようとしている行動について、状況依存性が低いほど病理仮説の妥当性は高くなり、また逆にその行動の状況依存性が高いほど、病理仮説の妥当性は低くなる」と考えられるでしょう。

　子どもの問題行動を生理（病理）モデルに基づいて「理解」することが、私たちの子どもとの関わりにどのような影響を及ぼすのかについて、図10によって整理しておきましょう。先の第3章で、先生同士がどのような「共通理解」をしていくべきかについて考えたことを思い出してください。先生方の個性的な理解（自身の存在性をかけた理解）をひとまず置いた共通理解（図8-1）と、最大限

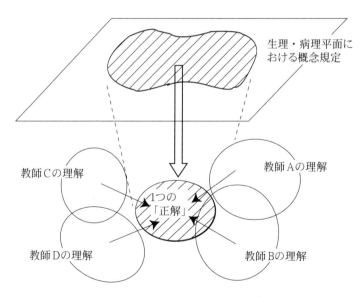

図10　生理（病理）仮説に縛られた「理解」

に活かした共通理解（図8-2）があることを示しましたが、いずれにしてもこの場合は、同じ教員として同じ次元で同質のパラダイム（理解方法）をもつ者同士が、それぞれの「重なり」を核として作っていく「共通理解」でした。これらに対して図10では生理・病理という次元の異なる専門科学における「理解」が、一つの「正解」として、教育の平面を規定しがちな様子を表現しています。図9からもわかるように、生理・病理（物質科学、生物科学）の地平は、子ども一人ひとりの違い（個別性）を誤差と見なし、類型性や普遍性に着目した一般的な行動特性を抽出するものなので、T君のADHDではなくADHDのT君という「理解」に私たちを導こうとする性質をもっています。

　今後、特別支援のことだけではなく、保育・教育はあらゆる場面において、ますます隣接専門領域と連携しながら進んでいくことになるでしょう。自分たちとは異なる発想のさまざまなパラダイム（理解の方法）と交流しながら子ども理解を進めなければならない場面も多くなるでしょう。それ自体は子どもに対する見方を多層化することにつながり、特に「保育的」「教育的」な見方のみに凝り固まっていては行き詰まってしまうような問題に対して有効だと思います。そうした「連携」が必要だからこそ、逆に保育には、教育には、子ども理解のためのどのような独自の視点・視線・視角があるのか、その見方のアイデンティティー（専門性）を問われることになるでしょう。

　では病理仮説（障がい名）によらない、私たちのめざすべき「理解」とは何であるのか、そのような「理解」のためには何が必要な

のか、それを考えるために、実際にどのような現象が「気になる」子どもの姿としてとらえられているのか、まずはそのデータを整理して眺めることから出発しましょう。

2. 保育者は「気になる姿」をどのようにとらえているか

　ここで紹介するのは、保育所において保育者が感じている「気になる姿」に関する研究（肥後 2002a の概要）です。保育現場の毎日は、先生方がいちいちそれを意識することもないくらい「子ども理解」の連続です。なぜこの子はこんなことをするのか？　なぜいつもはすることを今日はしないのか？　お外に出るよという指示にみんな従っているのになぜあの子だけ？　おやつの準備を始めたらどうしていつもこの子は部屋から出て行くの？……そうした「一人ひとりの子ども理解をめぐるコミュニケーション」が切れ目なく続いていきます。そんな保育の場で、個々の保育者のなかで生じている"あれ？　なぜこの子は？"という違和の感覚を分類・分析するところを手がかりに、そうした姿の「理解」にとって何が必要なのかを考えてみましょう。

研究の概要

　保育者にとって"気になる"子どもの姿としてどのような様子がとらえられているのかを知るために、島根県内の保育士 109 名（詳細は表 1 参照）を対象として、自由記述によるアンケート調査を行いました（2001 年 11 月に実施）。調査用紙には次のように記載し

表1　調査対象者の保育経験年数ごとの人数分布

保育経験年数	2年以下	3〜5年	6〜10年	11〜20年	21年以上
平均保育経験年数	1.6年目	4.1年目	7.7年目	15.4年目	25.0年目
平均年齢(SD)	23.6歳(4.89)	26.2歳(4.10)	31.0歳(4.24)	38.6歳(4.30)	46.2歳(4.42)
人　数	22人	19人	21人	30人	17人

て、調査の趣旨や記入してほしい姿を説明しました。

「保育所で"気になる"子どもが増えているとの声をよく聞きます。このうち、成長とともに特に大きな問題にならなくなるものも多くありますが、いくつかの姿は、その後、保育所において、あるいは小学校に進学した後に、何らかの具体的な問題行動や不適応傾向につながる場合もあると思います。日々、保育にあたっておられる保育士の方々が、どういう兆候を"気になる"姿としてキャッチしておられるのか、教えていただきたいと思います。記入にあたっては、そういう姿を示す子どもの顔や姿を、なるべく具体的に思い浮かべてください」。

この調査では、想定する乳幼児の年齢を特定せず、ただ"気になる様子"を記述するよう求めました。何よりも保育者の実感を出発点として、その後の「理解」や、さらに「支援」のための基礎となる資料を得ようと考えたからです。結果として多くの回答は、求めたとおり"気になる様子"の記述のみでしたが、回答によっては子どもの年齢を特定して記述したものも見られました。得られた記述はほとんど短文であり、1つの短文に1つの意味内容（気になる行

動の様子）の記述となっていました。1文に2つ以上の意味内容が含まれる場合は、1人の対象者の記述が1カテゴリーあたり1つとなるよう、同時になるべく記述を変更しないように留意しながら要約しました。こうして得られた記述は全部で255になりましたが、これを主に意味内容によって7つのカテゴリー（AからG）に分類しました。以下、表2-1から表2-7まで、7つのカテゴリー名とともに、その下位分類（サブカテゴリー）と具体的な記述例を示しました。順に簡単な考察を加えながら見てみましょう。

A　攻撃性（54件）

　他児に対する暴力的行動が中心ですが、ここでは攻撃が自らに向けられるという意味でいわゆる自傷も含めています。全部で54件の記述を、さらに5つのサブカテゴリーに分類してみました。A1は他児への暴力的な関わりで、これがもっとも多く見られました。他児との比較のなかでの極端な姿、周囲の状況などからは理解しにくい衝動的な姿などが目立ちます。

　次のA2は「かみつき」です。今回の調査では「理由不明のかみつき」に関する記述が6件と比較的多く見られたため、1つのサブカテゴリーにしました。おもしろいことに、保育経験年数11年以上の群では、この記述がまったく見られませんでした。「理由不明の」といいますが、理由というのは保育者側がそのときどきの状況や文脈から、子どもの行動をどのくらい了解可能かということであり、ここにもやはり「子ども理解」を考えるためのヒントがありそうです。

表 2-1 攻撃性 (54 件)

記号	サブカテゴリー	記 述 例
A1	他児への乱暴、衝動性、易怒性 (24件)	・かみつく、叩く、ひっかくなど暴力的なことをする。 ・とびぬけて乱暴なのに母親はけっして叱らない。 ・落ち着きがなく他児とトラブルが多くすぐに手や足が出る。 ・周囲の子を叩いたり蹴ったり、いらいらすると大人にも手が出る。 ・普段はとてもおとなしいが、他児の言葉や行動をきっかけに、突如、極端に暴力的になる。 ・気に入らないとゴミ箱をぶちまける。服を全部脱いで外に出て行く、叩く、蹴るなど。 ・理由のわからないことで急に腹を立て怒り出すので、まわりの子も近寄りにくい。
A2	他児への理由不明のかみつき (6件)	・物の取り合いなどではなく、通り魔的に他児にかみつく。 ・何もしていないとき、となりに座っている子に、あるいはすれ違いざまに叩いたりひっかいたりする。
A3	自傷および自制困難 (13件)	・突然、奇声を発する。 ・気に入らないことがあったり友だちとけんかしたとき、壁におでこをぶつける。 ・自分の思っているようにならないと思いきり後ろに倒れる。 ・自分の意にそわないことをされると泣いて怒る(パニック)。 ・怒りだすと床に頭を打ちつける。 ・いけないことを少し注意しただけで、バタンと急に後ろにひっくり返り、あばれて泣きわめく。
A4	残虐性、意地悪 (6件)	・平気な顔でいじめていて、注意してもまったく聞かない。 ・遠くからさっと来て、他児が作った砂山を足でぐしゃぐしゃに壊す(顔は笑っている)。 ・泣いている子がいると寄って行き、叩いてよけい泣かせようとする。 ・小動物が好きでかわいがる一方、はさみで切ったり床で踏んだり、死んでも持ち歩いたりする。
A5	隠れた攻撃性 (5件)	・少し離れたところで小さい子をつねる。 ・保育者の見えないところで他児を蹴ったり叩いたりしている。 ・保育士にはいい顔をしておとなしいが、他児と遊ぶときは行動も言葉も乱暴で叩いたりする。 ・保育士や親の前ではいい子だが、陰で友だちの嫌がることをしたりする。

A3 は自傷的な行動や自制困難な様子（奇声を発する、パニックなどの具体的行動）などを記述したもの 13 件です。どの記述も「突然」とか「思うようにならないと」とか「気に入らないことがあると」といった前提が記述されているのが特徴的です。これらの行動は、誰もがハッとするような唐突さや激しさを伴うため、どうしてそうなるのかについて、前後の文脈などから何とか推測し理解しようとする傾向を、保育者から引き出すことになるのでしょう。

　A4 は保育者が子どもの残虐性にふれ、これを理解困難な行動として記述したものです。また A5 は攻撃性が場面によって現れるもの、とりわけ「大人の見ていないところで……」といった記述を集めました。いずれも障がいの有無を超えて、保育の時代にその「理解」が図られるべき「気になる姿」といえるでしょう。

B　多動性（34 件）

　落ち着きのなさや動き回る様子についての一般的な記述がもっとも多く見られ、これを B1 としました。加えて集団場面での他児との対比や、保育者の関わりとの関係など、文脈や状況との関連を記述した上で集団適応上の問題として描いているものも多くありましたので、これらを B2 としました。落ち着かない様子を「人の話が聞けない」ことと結びつけて記述しているものもかなり含まれていました。

C　疎通感のなさ（41 件）

　このカテゴリーは、子どもが独自の世界に入り込んでおり、それ

表 2-2　多動性（34 件）

記号	サブカテゴリー	記　述　例
B1	多動、落ち着きがない（19件）	・やたらと動き回り落ち着きがない。 ・活動中、一つの場所にじっとしていられない。 ・お昼寝中も寝ずに走り回っている。 ・落ち着きがなく、いつもふらふらしている（食事の時も）。 ・みんなが座っている、列に並ぶなどの場面でも、とにかく動き回っている。 ・座っているときも手がいつも動いている。 ・新しい場所や人に対して異常に興奮して、バタバタしたり話しかけたり触れたり、落ち着かなくなる。
B2	多動による集団不適応（15件）	・みんなで同じ行動をしているとき、違う行動をとる。 ・集まりのとき人の話が聞けない。 ・1対1で話すときも落ち着きがなく会話にならない。 ・部屋にみんなが集まっていても、ひとり他の場所でぶらぶらしている。 ・みんなが何をしているか、よく理解しているのに、集団の中では落ち着かず、別のことをしている。 ・指示された言葉の意味はわかるが、気持ちで受け入れられず拒否的な行動になるため、同じことができない。 ・新しいことにみんなで取り組もうとするとき、いつも激しく抵抗する。

が他者（保育者、他児）と共有・共感しにくい状況にあり、したがって関わっても手応えがない、通じ合えた感じがしない、コミュニケーションが成立しないといった意味内容を含んでいるものです。もっとも多かったのはC1「視線」をめぐる問題でした。保育者にとって、子どもとのコミュニケーションが成立しない、関係が作れないと感じる主要因といえるでしょう。

サブカテゴリーC2は「視線」以外のもので、疎通感の本質を支えている「相互作用の困難」に関わる記述を集めたものです。会話

表 2-3 疎通感のなさ (41 件)

記号	サブカテゴリー	記述例
C1	視線が合わない (20 件)	・視線が合わないし、合わせようとしない。 ・視線が合いにくく、目から感情を読み取りにくい。 ・話しかけたり向き合っている時にも目が合わない。 ・授乳時に目線が合うことがない。 ・絵本に集中できず、読みきかせ中に話しかけても目が合わない。
C2	相互作用の困難 (11 件)	・名前を呼んでも振り向かない。 ・聞こえているはずなのに、呼びかけに反応しない。 ・関わりが一方的な感じがして、一緒に遊んでいても、心地よいと感じたり楽しいと感じることができない。 ・興味をもっていることはよく話すが、質問すると別の答えが返ってきて、会話がかみ合わない。 ・声をかけたり質問したりしても、それとは無関係な話を始めたり、テレビやビデオの内容しか話さない。 ・独り言が多く、昼食時や午睡時もずっと一人でしゃべっている。
C3	自分の世界への 固執 (10 件)	・一つの遊びにこだわって、それ以外をまったくやろうとしない。 ・自分の世界を強くもち、他児を受け入れたり、他児と関わったりが極端に少ない。 ・周囲のものや環境には高い関心を示し、よく反応するが、人に対してほとんど関心を示さない。

が成り立ちにくいことを中心として、関わり（やりとり）の不成立に関する記述が多く含まれています。C3 は、その子どもとの通じ合えない感じが「子どものもつ固執性や硬さなど独特の傾向性によるのではないか」という保育者側の推測を含んでいる記述です。子どもとの間に生じた通じにくさや違和感を、子どもの特異な傾向性（自分の世界への没入傾向や、人という刺激への反応の希薄さな

ど）によって「理解」しようとしています。

D　自己表出の問題（44件）

このカテゴリーは保育現場ならではの「気になる様子」であるように思われます。私にとっては保育現場で「気になる姿」として相談されることの多い、むしろなじみの項目ですが、実は発達科学や小児精神医学の領域で取り上げられる主要な障がい像としてはあがってきにくいもののようです。通常こうした様子は、問題行動というより、子どもの性格に関わるものと考えられるからでしょうか。保育者が子どもの"気になる"様子としてあげたこれらの記述にどのような心理臨床的な「意味」があるのかについて、今後きちんと検討していくことが、本当は虐待防止を含む保護者支援や小学校との連携、あるいはいじめ防止などにもつながっていくように思われます。

D1は「大人を過度に気にする」様子を、D2は「自分を出せていない」様子を集めたサブカテゴリーですが、大切なことはいずれの場合も保育者の主観が大きな意味をもっているということです。保育者のなかに生じた違和感（気になる気持ち）が、子どもの内面の問題としてまなざされる場合、その原因はおそらく家庭の問題（家でも親の顔色を気にして暮らしているのでは？　家で十分に関わってもらっていないのでは？　など）ではないかと推量され、家庭へのアプローチを強めるという「理解」が成立することになるでしょう。これに対して、その違和感が子どもと保育者との間の問題、両者の関係の問題としてとらえられる場合、保育者を含めた環境の側

表2-4 自己表出の問題 (44件)

記号	サブカテゴリー	記述例
D1	人の顔色を気にする (16件)	・保育士をじっと横目で見つめてくる。 ・人の顔色をうかがって行動する。 ・保育士の反応を過敏にキャッチする。 ・"〜してもいい？ 次は何をするの？"と、一つひとつ保育者に聞いたり確認しないと次のことができない。 ・声をかけると大人の機嫌をみて笑い返す感じがする。
D2	自己表出の不全、自信のなさ (8件)	・自信がなさそうでおどおどした感じ。 ・いつもどこか我慢している感じで無表情。 ・人の後ばかりついて遊んでいる。 ・弱々しい感じで、自分の気持ちを十分に出せておらず元気がない感じ。 ・自分をまったく出していない、「いい子」すぎている感じ。
D3	自己表出の屈折 (8件)	・いけないと言われることをする。 ・嫌なことを嫌と言えない（反対に好きと言ったりする）。 ・ウソを泣いて訴え通そうとする。
D4	防衛的発話 (12件)	・他児への命令、指示などが多い。 ・ああ言えばこう言うなど自己弁護が多い。 ・友だちへの批判が多い。 ・他児がいけないことをしたとすぐに言いつけにくる。

をどのように調整すれば、その子はもっと自分らしさを出せるようになるのかが課題になるでしょう。家族にアプローチする場合にも、たとえば「お母さんも家での自分に対する態度と父親に対する態度が違うなど、この子の様子をお母さんなりに気にしておられるのでは？」という具合に、自分が保育所で感じている違和感を保護者との間でも共有しようという方向へと気持ちが動くはずです。このようにカテゴリーDは、問題の「理解」がアプローチの方向性を変えていくことになりやすいカテゴリーといえるでしょう。

D3 は自己表出の屈折ともいうべき記述内容で、保育者が子どもの行動のうちに何らかのアンビバレントな傾向（"好きだけど嫌い" "行きたいけど行きたくない" のような両立しにくい矛盾する気持ちが割り切れないまま併存すること）を感じ、それが "気になる" ことにつながっているものです。「要求を泣いて通す」という、いわゆる「わがまま」の類も2件あり、こうしたものもこのサブカテゴリーに含めています。D4 は気になる発話に限定したやや特異なサブカテゴリーですが、全体では12件にのぼりました。ことばの上での「正しさ」と一体化することや、ことばを武器として人を攻撃したり自分を守ったりすること、あるいはことばで相手を支配することなど、いわゆる超自我形成期以降よく見られる姿ではありますが、それがあまりに強いことが保育者にとって「気になる姿」としてあげられたものです。他の行動傾向とも併せて考える必要がありますが、小学校との連携を考える上では、保育の時代に一定の「理解」がなされるべき項目だと考えられます。

E 集団参加の困難（20件）

このカテゴリーは集団のなかにうまく入れない姿が気になる様子として記述されているものですが、次のF（情緒の問題）と関連した記述、たとえば「友だちと遊ぶことができず、常に保育士に抱っこを求める」といった記述も少なからず見られました。カテゴリーEでは保育者にとらえられた子どもの内面（情緒的な状態）ではなく、子どもの行動（集団に参加できない様子）に焦点を当てて記述されたものを集めています。このうち「一人遊び」に関する記述を

表 2-5　集団参加の困難（20 件）

記号	サブカテゴリー	記　述　例
E1	集団に入れない（16 件）	・集団の輪の中に入れない。 ・集団の中を嫌がり、人が集まってくると逃げて一人で遊ぶ。 ・数少ないきまった友だちとしか話せない。 ・遊びに入らないで物陰でじーっとしている。 ・とてもおとなしく、みんなの前では恥ずかしがって話ができない、多くの人の前では泣いてしまう。
E2	一人遊び（4 件）	・他児とのコミュニケーションがとれず一人遊びが多い。 ・部屋の隅での一人遊びを好み、棚と棚の隙間に入ったりして動きが少ない。 ・表情が暗い感じでいつも一人遊びをしている。

もう一つのサブカテゴリー E2 としました。

F　情緒の問題（39 件）

　強い甘え傾向や不安な様子が問題となる場合、心理臨床的には何らかの情緒的発達上の問題が想定されるので、ここではこうした記述を集めてカテゴリー F「情緒の問題」としました。こうした記述の多くは子どもの様子に関する保育者の「主観的解釈」を含むものです。たとえばサブカテゴリー F1「甘え、スキンシップ」について考えるとき、「適切な甘え」とはどのようなものなのかは保育者によって異なります。それゆえに「過剰な甘え」と「過小な甘え」の両方が"気になる"様子としてあがってくることになるのでしょう。他のサブカテゴリーについても同様のことが考えられます。たとえば「集中して遊ぶ」「ささいなこと」など、子どもの様子についても環境条件のとらえについても、保育者の感度（どの程度の範

表 2-6　情緒の問題（39件）

記号	サブカテゴリー	記述例
F1	甘え、スキンシップ（12件）	・とにかく抱っこを求める。 ・誰かれなく抱きついて離れようとしない。 ・保育士に後ろから近寄って、いつの間にか背中や衣服に触っている。 ・頭をなでようとすると逃げようとする。 ・抱きしめると顔はうれしそうだが、身をそらせたり手がつっぱったりしている。
F2	情緒不安定（泣く、表情が乏しい）（21件）	・表情、笑顔がなく、すぐに涙が出る。 ・泣き顔がとても険しく不安そうに泣いている。 ・突然泣き出し、なかなか泣き止まない。 ・悲しさや悔しさを素直に出せず、しくしく泣きが多い。 ・物音や大きな声でびっくりして泣いてしまう。
F3	遊び込めない（6件）	・気持ちが落ち着かない感じで遊びに集中できない。 ・どの遊び、物に対しても思いがない。 ・ボーッとしていることが多い。

囲を適切と感じ、どのくらいから問題と感じるか）によって変化するものです。「集中して遊びすぎる」感じは、保育者によっては「一つの遊びへのこだわり」と感じられる場合もあるでしょう。このあたりの保育者の感覚も大切にしながら、同時に心理臨床的な課題として「理解」しておかねばならない姿（あるいは関係）をとらえることが大切です。

F2は情緒的不安定から泣くことや、子どもの表情について何らかの不安を保育者が読み取っている記述です。ここには保育者の側の不安（関わりがもちにくかったり、理解できない気持ち）が子どもの様子に投影されている場合もあるかもしれません。F3は保育者ならではの視点を含んでいるように思われますので、独立したサ

ブカテゴリーとして置いてみました。自己発揮の不全（カテゴリーD）に含めることも可能だと考えますが、ここでは何らかの不安定感が背後にあっての様子として扱っています。

G　その他（活動性、親子関係など）（23件）

A～Fに該当しなかった記述を「その他」というカテゴリー内の4つのサブカテゴリーとしてまとめました。いずれさらにデータを集積した後、一つの独立したカテゴリーとなるべきものも含まれています。とりわけ保育者が「親子関係」をどう見ているかに関する記述は、子ども・子育て支援新制度のもと子育て支援がさらに進められつつある今日、重要な意味をもつと思われます。子どもの問題行動に関する園内検討会議などに参加していると、子どもの行動の原因なり背景を、家庭内のストレスや親子関係の不全によって説明しようとする根強い傾向が保育者側に見られます。当然、それが臨床的な妥当性をもっている場合も多いし、児童虐待などが問題となる昨今、そうした「仮説」をもってみるという態度が保育者側に要請されてもいるでしょう。しかしこうした見方があまりに強くなると、保護者は保育所からいつも「いい親であるように」責められているような感じをもつ場合もあるのではないでしょうか。万が一、子どもの問題行動（と保育所側が考える行動）を挟んで、保育所と保護者とが互いに責め合っているような対立的な関係に陥ってしまうと、子どもの問題行動の解決はかえって難しくなることでしょう。

サブカテゴリーG1は、園生活における一般的な活動水準や適応

表 2-7 その他（活動性、親子関係など）（23件）

記号	サブカテゴリー	記述例
G1	活動性（5件）	・朝、まだ目覚めていない感じで、ボーッとしていたり生あくびが多かったりする。 ・いつもは活発で自己主張もする子が、登園の別れのときと午睡後の目覚めのとき、無言になり応答しなくなる。
G2	食事（5件）	・食事を前にしてもなかなか手が出ない。 ・食べることに集中しない。 ・自分で食べようとせず、咀嚼も下手である。 ・コップを持って飲まない。 ・午前のおやつや昼食をガツガツ食べる。
G3	遊び方（3件）	・泥遊びなど汚れることを嫌う。 ・土や砂に触らない、外にも出たがらない。 ・身体を活発に動かして遊ぶことがない。
G4	親子関係（10件）	・登降園時、母親に対して感情表現がみられない。 ・お家のこと（特に母のこと）を話題にすると、話をそらす。 ・親が迎えにきてもうれしそうな様子がなく、寄っていかなかったりする。 ・親の前でがらっと様子が変わる（とてもいい子になる）。

に関する記述を集めました。保育者が子どもの何らかの不調をとらえるための手がかりとして一般的に有効と思われる記述ですが、こうした兆候がどの程度続いているのかといった継続性の要素も重要となってくるでしょう。G2は食事場面に関する記述をまとめたものです。記述としては5つでしたが、この場面に限って保育者に尋ねると、実際にはもっと多くの"気になる"様子が報告されるのが実態であろうと思われます。たとえば気になる行動全般について記述を求めた今回の調査では、偏食に関する記述が見られませんでしたが、おそらく食事場面に限って気になる様子の記述を求めたとし

たら、偏食の問題はかなりの件数があがってくるでしょう。G3は遊び方に関するもので、件数としては3件のみでしたが、このところよく聞かれる"気になる"姿です。これも食事と同様、単独でというよりも他の兆候との関連で理解すべき項目かもしれません。最後に保育者の目から見た気になる親子関係に関する記述をG4として10件まとめて一つのサブカテゴリーとしました。登降園時の親子の関わりや子どもの様子の変化について気になる様子を記述したものが中心でした。

　以上のように、この研究では保育者があげた子どもについての"気になる"255の記述を、大きくは7つのカテゴリーに、サブカテゴリーとしては23に分類しました。私がこうした研究を進めているのは、保育現場でとらえられている子どもの気になる様子が、相互にどのように関連しているのか、またそれらが現在および将来の子どもの「生きにくさ」にどのようにつながっているのか、またどのようにすればつながっていかずに済むのかを明らかにするためです。そうした気になる様子が、ある障がいの特徴や診断基準などと重なっている場合もあるでしょうし、必ずしもそれらとは重ならない場合もあるでしょう。保育・教育の現場にとって大切なことは、個々の事例において何が生じているのか、子どもが（あるいは親子が）当面している困難は何か、子どもの発達上のニーズは何か、保育者や教師がいま支援すべきことは何か……そうしたことを「理解」することにあり、それが障がい名の基準などに該当するかどうかを判定することではないはずです。カテゴリーやサブカテゴ

リーの妥当性については、まだ残念ながら検討の途中ですのでここでは置いて、ざっと見てきた「気になる様子」が、どのような特徴をもっていたか、上で述べてきたことを少しまとめておきましょう。保育のなかで保育者の感じる「気になる様子」は、次のような条件下でとらえられる傾向がありました。

- 他児との比較のなかで
- 周囲の状況や文脈との関係において
- 生活のさまざまな場面を通じて
- 関係の成立、コミュニケーションの成立をめぐって
- 関わり手の主観（感じ方、捉え方）が大きな役割を果たしながら

こうした保育・教育現場の「理解」の特徴には、もちろんその後の支援をむずかしくするような問題も含まれています。しかし同時に先生方が感じている素朴な違和感（気になる姿）には、その後の「支援」につながる重要なヒントが含まれており、それを活かす方向に「理解」を進めていくことが重要です。

3. 状況依存性から立ち上がる支援の手がかり

状況依存性とは何か

行動の状況依存性とは、ある行動が①時間的条件（いつ）②空間的条件（どこで）③対人的条件（誰とあるいは誰に）④環境的条件（何がきっかけで、どういう理由で、どんなふうに、どのくらいの強さで）によって、生起したりしなかったり、その質や意味が変化

することを意味します。状況依存性の高い行動問題を生理・病理仮説で説明しようとすると、非常に一般的で平板な説明になってしまい、実際に個々の場において現象している問題行動——子どもがその存在性の層における「個」性をかけて発動している問題行動——のリアルな意味（心理臨床的な意味）が失われてしまいます。それは第3章で論じてきた一義的な「理解」ということの一つの典型です。そのような「理解」のなかで描かれている行動は、およそ「いつでも、どこでも、誰にでも、どんな場合にでも」当てはまる内容にまで一般化されているので、たしかにその障がい名に該当するどの子どもにでも当てはまるのですが、同時に「どの子についても、その子らしい特徴を描けていない」ものでもあります。

　子ども一人ひとりのもって生まれた条件、育ってきた環境、そして周囲の人々の関わりなどによって個性豊かなバリエーションをもつ問題行動について、個々の現象の日常的具体性・状況依存性を捨象し、その共通した様相のみ（つまり状況に依存せずに生起する部分のみ）を抽出することで症候論を打ち立て、それを「理解」の核にしようと努めてきた科学においては、逆にいったんある症候論が構築されると（たとえそれが仮説的段階で構成された症候論であったとしても）今度はその症候論の枠組みのなかにできる限りの問題行動を当てはめ取り込もうとします。2013年からアメリカ精神医学会が提唱する診断基準が新たなバージョン（DSM-5）になりましたが、その一つ前のバージョンであれほど「流行らせた」広汎性発達障がいやアスペルガー症候群も診断名としては消えてなくなり、新たに設けられたASD（自閉症スペクトラム症／障がい）や

SCD（社会的（語用論的）コミュニケーション症／障がい）に統合されたことは記憶に新しいところです。それらは仮説としての暫定的な「理解」であったにもかかわらず、かなり強力な取り込み作用を発揮したのではなかったでしょうか。同時に私たちはそのような「名づけ」によっては、必要な子ども理解は生まれないということも学びました。

　先にも述べたように、「わかりにくい」「気になる」子どもたちを「発達障がい」というカテゴリーに位置づけ、脳機能の障がいとして「理解」することは、保育・教育のスタートを落ち着かせるために一定の役割を果たしてきました。しかしそこから一歩進んで考えるならば、発達障がいを脳機能障がいとして「理解」することは、それほど積極的に意味のある「理解」とはいえないことはすぐにわかります。なぜなら大脳は「生まれた後にどんな経験をするかによってどんな脳になるかが決まる（an experience-dependent nature of brain）」という側面を強くもつ器官だからです。そのわかりやすい例が言語の獲得です。私たちは大脳に「言語」を理解し話せるようになるための一定の神経学的基盤をもって生まれてくると考えられていますが、それが具体的に日本語になるのか英語になるのかといったことは、もちろん言語獲得期にどのような言語環境で育つのかによって決まってくるのであって、生まれる前から決まっているわけではありません。発達障がいが脳機能の障がいによるものだという「理解」は正しいのですが、そもそも大脳の機能というものが環境因によって「次第に形成される性質」があるのだとすると、そのような「理解」はとりあえずの暫定的なスタートに立つ（まずは

子どもや親を責めない）こと以上のものではありません。また大脳が環境に対する可塑性をある程度もっているからこそ、保育・教育による関わりや環境調整によって大脳が新しい学習を積み、もともと備わっている偏りや凸凹を抱えながらも（あるいは場合によっては服薬による一時的なサポートを受けたりしながら）その機能を次第に変えていくことが可能だといえるのです。

T君のADHDを理解することの意味

　ある小学校４年生の担任の先生とお話ししたときのことです。その学級にはADHDという診断名の付いた男児がいて担任の先生はその子の「衝動的な行動」に手を焼いているとおっしゃいます。そこで私が、それは具体的にはどのような行動ですか、と尋ねると、「何か気に入らないことがあると、すぐにキレて、手あたり次第に物を投げたり、教室をいきなり飛び出したりします」とおっしゃいます。そのこと自体は、ADHDの中心的な障がい像ではありませんが、担任の先生は「衝動的な行動」の具体像をそんなふうにとらえておられるようです。そこで重ねて私はこんなふうに尋ねます。「たとえば、手あたり次第に物を投げる場合、それは右手ですか、それとも左手？　あるいは両方の手でしょうか？　どんなものを投げますか？　自分のものも投げますか？　その子の座っている位置から立って移動しながら投げますか？　それとも……？」という具合に、ごく最近の例から、だんだん遡って思い出していただくようにします。ところが担任の先生はそのあたりのことをあまり正確に思い出せないのです。「どっちの手かなあ……左利きだから……い

や、でも投げるときは両方か……うーん……自分のものは投げてないかなあ……」。そこで私は先生に「今度、そういう行動が起きたとき（もちろんある程度、危険な行動は制止しながらですが）少し冷静に、どんなふうに投げているかを観察してください」とお願いしました。1か月後、担任の先生はとてもいきいきとした様子で、その子の「衝動的な行動」の詳細な観察結果を教えてくださいました。「いやあ……おもしろいといっちゃあ何ですが、いろいろなことに気がつきました。まずほとんどの場合、投げるというか、払い落とすような感じで、使っているのは利き手と反対側が多かったです。それから教室の前に向かって移動するより、後ろの出入り口に向かって移動することが多いのですが、その途中で物を払い落とす場合は、女子の席もあるのに、ほとんど男子の机の上のものです。なんだかこの子なりに何かを考えてというか、気づかって行動しているような気もしてきました。単にパニックに陥って物を投げて……というふうにとらえていたんですが、少し違ってることに気がつきました」というわけです。さらにそうした機嫌の悪い状態が起こるのは、週の前半が多いこと、午前と午後では午前中に多いこと、脱走は同学年の集会では少なく人数が多い全校集会のときに多いこと、などなどがわかってきたということでした。

　ここでのポイントは「衝動性」とか「多動性」といった、ある障がいの典型的な問題行動を描写（あるいは診断）する際に用いられるような、一般的な用語をなるべく使わない、ということです。そのような一般化された用語を使って、いったん、その子どもの行動を「理解した」と思った瞬間、つまり"ああ、これが本に載ってい

た衝動性なのか"とか"ああ、これがお医者さんのいってた多動性なのか"といった理解が成立してしまうと、その一つひとつの行動が、実はそのときどきの状況と深く結びつきながら生じていることの「意味」や「差異」が埋没して消えてしまい、打てる手も打てなくなってくるという問題が生じてきます。もちろん一つひとつの行動の背後にある環境条件は非常に複雑な上、子どもも単に環境に対して受動的に反応しているわけではなく、その日の気分や調子やその場の捉え方も不安定ですから、その両方（環境×子ども）によって生み出される「状況」は無限の広がりをもっており、たとえば午後なら安定しているとか、木曜日はパニックが少ないなどといった単純なパターンや法則性のようなものは、ほぼ見つかるものではありません。しかしだからこそ、そこにパターンや法則性を見出すということではなく、「関わりの手がかりになる状況の側の変数」を探るということが大切になります。それが「T君のADHDを理解する」ということの意味なのです。

関わり手のレベルアップとは何か
――支援の手がかりをつかむために――

しかし一方、残念なことに、状況依存性の高い障がい像については、ある子どもでうまくいったこと、これだ！と思ったこと、わかった！と思ったことが、別の似たケースについてはうまくいかないこと、あるいはその同じ子どもの別の日の行動にさえ通用しないことが少なくありません。ただ一ついえることは、

● 状況との関係を観察する目

- 状況と関係づけて子どもの行動を理解し内面を"わかろうとする"態度
- そこから次々とへこたれないで新たなアプローチの具体策を思いつくセンス

は確実に鍛えられレベルアップしていくということです。

　特別支援教育における実際の具体的な対応を考える際、今日、さまざまな「治療・訓練技法」が紹介されていますし、教育現場への導入も盛んに行われているようですので、そうしたことについてはここで特に取り上げません。ここではむしろ、そうした取り組みも含めて、私たちが子どもに向かうときのいわば一般原理のようなことを、以上の議論を踏まえて簡単に要約しておこうと思います。

（1）「発達障がいのA君」ではなく、「A君の発達障がい」を理解すること

　すでに具体的な例を通して述べてきたことですが、再度、整理しておきましょう。発達障がいという一般にいわれている特徴をA君に当てはめて「理解する」のではなく、たとえばADHDで一般にいわれる「多動」という特徴が、A君の場合はどのような意味で「実現されているのか」について詳細に見ていくこと。ADHDという一般的な症候論（「類」の特徴）の内側の現象としてA君の行動を「理解する」のではなく、A君という「個」の行動は常に「類」の典型を逸脱する方向に向けて発達していく可能性のあるものであるという前提のもと、その理解のための手法（観察の眼）を関わり手がきちんと身につけていることが重要なのです。障がい名

としては、たとえある「類」の内側で解釈可能な A 君であっても、A 君という個に内在する個性的な発達の可能性はもちろん、その生育環境や教育条件の個別性などとの「関係」から生まれる「個としての在り方」に応じた支援の具体的な方法（「個」に応じる、というまさにそのこと）は、そういう「眼」からしか生まれてこないでしょう。

（2）「関係性の育ちをめざした試行錯誤」を怖れないこと
　この「個」を見る眼ということに関連して、次に「試行錯誤」を怖れない、ということを付け加えます。これも当たり前のことでしょうか。教育的な関わりには大きく二つの方向性があります。何かを形成することで子どもの発達に安定をもたらすような関わりと、何かを壊したり揺らしたりすることで安定して動かないものを揺さぶって子どもの発達に不安定（変化）をもたらすような関わりです。子どもの内的な発達の欲求や動き、あるいはそのときどきの環境条件のなかで、いまどのような関わりがもっとも望ましいのか、いまだけではなく少し先、かなり先、を見通して教育計画を立てたり変更したりしながら、しかもそれを保護者と共有・協同しながら進めていくことは、まさしく「試行錯誤」と呼ぶにふさわしい過程なのかもしれません。

　そのような意味で、特別支援教育あるいは教育支援において、試行錯誤の力こそが専門性だと考えてもよいと思います。試行錯誤をすることは、でたらめにする、あれもこれもやってみることではな

いでしょう。この子どもにはもっといい方法があるのではないか、もっと子どもに必要なものに向かって育てていかなくては……という意識をもって、一度作った「安定」に安住することなく、子どもを揺さぶって動かしてみることは勇気のいることです。これまでうまくいっていた方法をその子に安易に当てはめることではなく、その子と関わり手の一回きりの出会いのなかでお互いの「個」が生きるような関わりの日々を開拓していくことです。このエネルギーを失うと特別支援教育は成り立たないのではないでしょうか。一瞬の状況、文脈、場、関係に向かっていつも開かれていること、それらを常に味方につけていく力……そういうセンスが求められます。

4.「気になる子ども」とのコミュニケーション

　子どもの気になる姿が、そのときどきの状況にかなり本質的に依存しながら現れてくること、そこに必要な支援を考えるための「理解」のポイントがあるということについて考えてきました。ここでは状況依存性のなかでもっとも重要な位置を占める「対人的条件」について、また対人的条件を基盤として「気になる子ども」とのコミュニケーション（通じ合うこと）を立ち上げていくために必要な事柄について考えてみたいと思います。

　対人的な条件を重要な基軸にしながら、ことばが立ち上がってくる様子については、浜田（1988）がもっとも参考になります。浜田先生の論考では、人との関係を基軸にしながら、さまざまな二重化が折り重なるようにして"私"というものが析出されていく基本的

な設計図が鮮やかに描かれています。ここではこの複雑な論考をことばの出現に限って少し単純化してお借りして、気になる子どもとのコミュニケーションを考える際の出発点にしたいと思います。

ことばの出現とコミュニケーション

一般的に「コミュニケーション」というと、ことばを中心とした人と人との間の情報の伝達・通信を意味するのですが、ここではもう少し広く、人が意図的に外界と関わり関係をもつこと全体を、広くコミュニケーションととらえておきましょう。

たとえば1歳になろうとする子どもが初めて猫と出会うという場面を考えてみます。初めて猫（実物としての猫）に出会い、そこで"にゃあにゃあ"というお母さんからのことば（音声言語＝記号としての猫）を経験し、その両者の間に一定の結びつきがあることを次第に覚えていくという状況（対連合学習といわれます）を考えましょう。図11に示したような「実物（あるいは概念）―記号」のペアを教えたり覚えたりすることは教育の基本型といえます。このようにして子どもがこの世界のさまざまな事物に初めて出会い、あるものを周囲の景色から図として浮かび上がらせ、それをこれまで引き継がれてきた記号体系を用いて「名づける」プロセス、自然の事物を切り取り、文化的に構築された記号体系のなかに位置づけるプロセス、すなわちこの世界を"わかる"こと、この世界の意味が"継承されていく"ことが、教育的営為の中心をなしており、これを学習（learning）と言い換えてもよいでしょう。子どもの言語学習も、基本的には同じような対連合の仕組みだと考えることができ

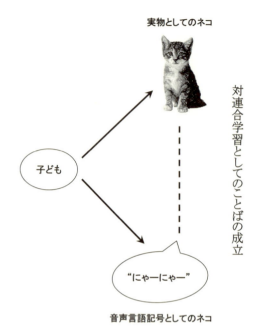

図11　対連合学習としての言語記号の獲得

ます。

　しかし、ではそれが音声言語によるコミュニケーション（話しことばで通じ合うこと）成立の基本的な仕組みなのかといえば、これはその本質を支える過程の一部でしかありません。話しことばによるやりとりがうまくいかない、通じ合える感じがもてないことが「気になる姿」の中心になっている、といった場合、その成立や改善を図るにはもう少し根本的に重要なコミュニケーションの本質に注目しておく必要があるのです。

コミュニケーション成立の条件

図12を見てください。先ほどの図11と異なるのは、子どもの相手として大人が位置づけられていることです。

①大人とのエネルギーを補給し合う関係の成立

第2章で述べたように、話しことばが成立する以前の段階として、近感覚型コミュニケーションを通じての一体化によりエネルギー補給ができる大人との1対1の関係が成立していることが重要です。この過程は通常ノンバーバル・コミュニケーションといわれるもので、視線をかわしてにっこり笑ったり、笑い合うことで感情を共有したり、相手の視線の先にあるもの（相手が見ているもの）を理解し共有できたり（共同注視）……といった「合うこと」「共

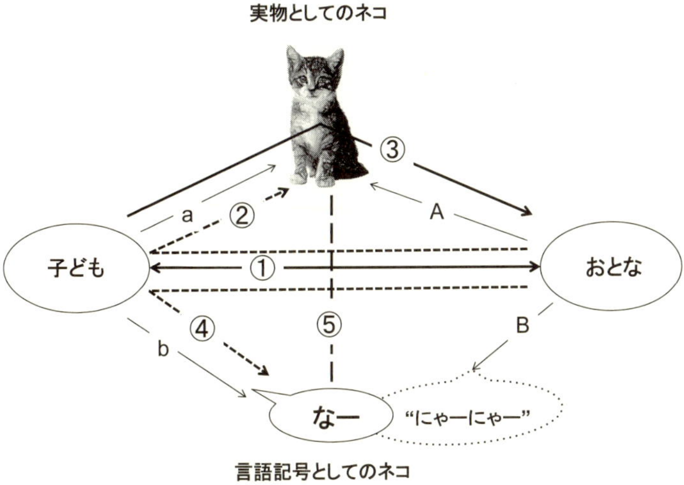

実物としてのネコ

言語記号としてのネコ

図12 話しことばが成立する基本的な構図（浜田 1988を参考に作成）

有すること」に満たされた不思議な世界です。図12の①で示したような大人との関係——くっついてエネルギーを補給しては離れる……といった関係——が、猫の認識や"にゃあにゃあ"という音声言語の手前で成立していることが、通じ合える話しことばを獲得するための基礎的条件なのです。

　通常の発達ではそれがあまり意識されることもなく当たり前のように実現されてしまうのに、障がいのある子どもとのコミュニケーションでは、この過程こそがもっとも成り立ちにくいと感じられるものであり、それゆえにその「合わなさ」「共有のできなさ」が、わかりにくい姿や気になる様子として関わり手に強く印象づけられることになるのでしょう。話しことばによって通じ合えることの前に、すでに「コミュニケーション」自体は成立しており、その関係性の上に音声言語記号によるコミュニケーション世界が乗っかってくるという基本的な構図を変えることは難しいので、発達障がいのある子どものコミュニケーション指導が、どうしても図11のような構図を基本としがちになることはやむをえない側面があります。対人的な関係形成に基本的な障がいがあるのですから、それを記号的なパターン学習によって補償していこうとすることには一定の意味や効果があると思います。しかしそのような場合でも、記号的パターン学習を介して（あるいは迂回して）、図12の①の基本となるコミュニケーション（通じ合う関係）の活性化をめざしてほしいと思います。

②事物との文化的な出会い："なぞり"ということ

　こうして暮らすなかで、ある日、子どもは猫と出会います（図中

a）。このときもちろん大人も猫を見て（図中A）、そして"にゃあにゃあ"という音声言語を子どもに向かって投げかけます（図中B）。そのときの母親の発言をもう少し詳しく想像してみましょう。中学校の英語の授業のような感じで"That is a cat."＝「あれが猫というものです」のような発言は、普通しないのではないでしょうか。たとえばこんなふうです。「あらぁ"にゃあにゃあ"さんよぉ。こうちゃん、びっくりしたぁ？ こんにちは、にゃあにゃあさん、かわいいねぇ、僕はこうちゃんですよぉ〜よろしくねぇ。ほらほら、ボクはこわくないにゃあにゃあだよ〜、こうちゃん、よろしくね〜って言ってるよ〜」のように両者をつなぐような話しかけを、一人芝居よろしくするのではないでしょうか。これは明らかに母親の「大人としての視点」からなされる発話様式（話し方）ではありません。子どもが猫を見た気持ちを"なぞる"……子どもの気持ちそのものをなぞる（驚いたね、びっくりしたでしょ？）部分もあります。しかし同時にそれは大人からの願いも込められた"なぞり"です（図中②）。つまり「猫との出会い方」について母親はある種の文化的な出会いを用意し、猫という生物にはこのように出会うものという視点から、子どもと猫の間を取りもつようなことばで子どもの気持ちをなぞる、そのなかで"にゃあにゃあ"ということばを使っています。子どもが見つけたものがもし蛇だったとしたら、こんなふうに話す母親はいないでしょう。

③見つけたものを「投げかける」

　自身の行動（猫を見ていること）を他者から〈なぞられた〉経験のある子どもは、次に猫に出会ったとき、見るだけではなく見たも

のを人に〈投げかける〉行動をします（図中③）。つまり「猫を見て母親の顔を見る」とか「指差しをする」などの行動です。子どもはまだ"にゃあにゃあ"とはいいませんが、こんなふうに投げかけの行動が芽生えている子どもにとって、ことばはもうすぐそこまで出かかっています。もし話せるならこんなふうにいうでしょう。「ねぇねぇお母さん、あれあれ、あれ見てよ！あれがこの前お母さんがいってた"にゃあにゃあ"でしょ？」と。コミュニケーションの問題を考えるとき、猫のことを"にゃあにゃあ"といえる手前のところで、この〈投げかける〉心の働き（言語化すると"○○でしょ？"の部分）が生じていることが重要です。人に向かって自分が見つけたものを投げかける、そうすると人は受け取ってくれる、人も自分に投げかける…つまり投げかけたり受け取ったりする〈相互作用〉の担い手として、自分は人と共にこの世の中に存在する……という心理性が育つこと、それがコミュニケーションの発達の根っこになっています。

④音声をなぞる

こうした関係のなかで、たとえばある日、子どもが猫を指差して「なー」といったりします（図中ｂ）。それを母親は"ちがいます！にゃあにゃあです"などと訂正したりしません。むしろ積極的に、子どもの発語である「なー」という音声をなぞって共有しようとします（図中④）。"あらぁ、こうちゃん、上手にいえたねぇ。そうよ〜"なー"だねぇ、なーにまた会えたねぇ。なーさん、こんにちは、こうちゃんですよ、覚えてますか？ ほらぁ、なーも覚えてるって。こうちゃんだねって言ってるよ〜"などのように。

⑤プライベートな記号（わが家ことば）の成立

　子どもは自分の発した音声が伝わった（共有された）経験がうれしくて、いろいろな（子ども視点からその使用がふさわしいと思える）ものを「なー」という音声言語を使って投げかけるようになります。こうして、うちの家では子どもがそういったから猫のことを「なー」というようになった……という「わが家ことば」が成立するのです（図中⑤）。

　このように初期言語発達の基本は、誰にでも通じる「辞書に載っているような公共的記号」が繰り返し事物と対応づけられた結果、両者が対として連合するに至った……というものではなく、特定の大人との間で、まず、コミュニケーションの基本としてのエネルギーのやりとりが成り立っている関係があり、その目に見えない線の上をなぞるようにして、「そこでしか通じない」プライベートな「事物と記号の対応関係」が共有される……それが基本的な構造であることを見てきました。

　多くの発達検査には、絵カードを見せてその名称をいわせる「呼称」に類する検査が含まれています。この検査によって語彙の育ちを調べることはある程度できますし、一般的な言語発達の一つの指標として一定の妥当性もあると考えられます。言語発達が非常に遅れていれば語彙の数は少ないでしょうし、非常に進んでいれば語彙の数も多いことが予想されるからです。そのような意味で、絵カードを見せての呼称がいくついえたか、それは言語発達の「目に見える一つの指標」だということができるでしょう。

コミュニケーションをとらえる目

しかし、上に述べてきたように、話しことばの発達を考える上では、それよりもっと重要なものを見落としてはなりません。〈なぞる〉〈なげかける〉〈受けとめる〉といった言語発達の背後を支えている心の育ちがどのようであるのか、その「目に見えにくいところ」をきちんととらえる力をきちんともつことが、子どものコミュニケーションを育てる側の私たちには求められます。

表面的には、コミュニケーションに関わる記号関係の習得は、事物や概念と記号との結びつきを学習する過程のように見えます。その成果は目に見えますしそれを数えることもできます。特別支援教育の世界にもさまざまな絵カード学習が昔から「効果のあるもの」として持ち込まれてきましたし、それなりの「成果」をあげてもきたことでしょう。先に少しふれたように対人関係が不得意な子どものコミュニケーション指導に、状況（場所・時間・目的とする行動、あるいは人の感情・欲求・意図など）を表した絵カード等が積極的に導入されているようです。本来「見えない」ものを「見える」化すること、あるいは時間とともに消滅する音声情報を絵の呈示によって記憶にとどめやすくすること、そうしたことによって不得意な対人コミュニケーションを支援する「視覚補助」と呼ばれる取り組みです。こうした「見える化」の取り組みは、コミュニケーションの成立しにくい子どもの支援方法として一定の効果があること、あるいはそうした「見える化」による検査指標がコミュニケーションの発達や改善を示す一つの手がかりになることについて異論はないでしょう。ただそれらはやはり「一定の効果」や「一つの手

がかり」なのであって、先に述べてきたようなコミュニケーションの本質という点ではその半分を描いたことにもなりません。

コミュニケーションという視点から考えて重要なことは、この記号関係の理解や記憶（図13の縦軸）が、生身の人対人のどのような関係（図13の横軸）において成立しているか、ということです。その相手が誰であるかは、子どもに大きな影響を与えます。それは単に縦軸の学習を容易にするとか困難にするといったレベルのみならず、学習そのものに人間的な「意味」を与えるものです。私たちは学校教育の時代にいろいろな先生からさまざまな教科を習い

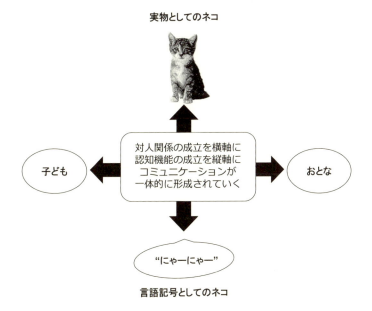

図13　話しことばが「通じ合う」ための縦軸と横軸

ますが、そうした教科学習の意味が、そのときどきの先生との関係によって大きな影響を受けることを、身をもって知っています。子どもをこの世界（概念、知識構造）と出会わせる一人の専門家として、教師は子どもの前に立ちます。その大人がどんな質の大人であったか、子どもとよい関係を築く力をもっていたか……教職とはそういうことに責任を負う仕事なのだと思います。

　ある事例検討会で、養護・訓練の時間の言語療法士さんの訓練にまったくのってこない子どもの話が出ました。もう1年以上になるその訓練の成果があがらないので、どのような教材の工夫をしたらいいかといった問題提起だったように思います。少し厳しい指摘だとは思いましたが、「教材を工夫する前に、まずその子どもが、あなたに会いに来ることを楽しみにしているだろうか」といったことを申し上げたことがあります。図13の横軸の関係がないところで、コミュニケーションは育ちようがないということです。教師に限らず私たち大人は誰でも（子どもとこの世界とを出会わせるという意味での）コミュニケーションの専門家なのですが、とりわけ障がいのある子どもの支援をしようという専門家の場合、まず子どもにとってコミュニケートしたい相手であるか、子どもから見て出会いたい魅力的な存在かどうかが問われます。その関係性の横軸がないまま、縦の関係を教えようとするのは少し厚かましいのかもしれません。このことは、よくいわれる「まず子どもとの関係（ラポール）をとってから検査や訓練課題に入る」ということと似ていますが、それ以上のことを申し上げているつもりです。保育・教育におけるコミュニケーションとは、まずは保育者や教師自身が子どもか

ら見て出会いたい人かどうか、そこから出発します。保育や教育の専門家は、そのような意味で常に「人格」を問われています。この世界の紹介者として、子どもから見て魅力ある者であり続ける……それはとても厳しいことかもしれませんが、「気になる子ども」の支援を考えるときにも、たいへん重要な視点になるでしょう。

「気になる子ども」をめぐる共通理解
──発達相談・教育相談に向けて──

　保育・教育の現場で、こうした子どもの問題にどのように接近するのがもっともよい方法なのでしょうか。臨床コミュニケーション論の基本的なアプローチは、子どもと関わり手（保育者や教師）双方の主体にとって二つとない物語を、周囲の人々とも共有しながら相互に理解し合っていくところにあります。あるいは心理臨床的な見方が触媒となることで、不全感や疎外感（通じ合えなさ）におおわれた状態にあった二人が、周囲とのいきいきとした関係を取り戻すことをめざしています。保育や教育の現場において物語の主人公はいうまでもなく子ども自身なのですから、私たちは可能な限り、落ち着きがない、乱暴で周囲とのトラブルが絶えない、勝手に集団から離れていく、会話が成立しない等々といわれている当の本人の物語に耳をすませなければなりません。しかしその本人が本人の気持ちをもっともよく「理解できる」とは限りません。学校になぜか行きたくない気持ちになっている子どもに執拗に「なぜか」を問うことがあまり有益とはいえないのと同じです。だからこそ本人の気持ちを（本人に代わって、または本人といっしょに）感じてみよう

とすることが大切だと思います。

　他方でその子どもをめぐる物語のもう一方の担い手である保育者や教師が、実際、どのような「実感」をもってその子を（あるいは親を）とらえているのか、そちら側からの対象あるいは現象についての理解を問うことも重要です。本章で検討してきたように生理・病理仮説に基づくラベル（障がい名）とは少し距離を置いたところから出発すること、個々の保育者や教師が感じている「子どもに対する違和感」を大切にしながら、そこから系統的に支援の方策を探っていくところから始めなければならないでしょう。保育や教育の現場では、一人の保育者や教師のみで対象を理解しようとすることはむしろ稀であり、通常、何らかの意味での対象理解の共有が図られていきます（第3章参照）。保育者（教師）集団で対象を共通理解しようとする「対象理解をめぐるコミュニケーション」がいまの教育や保育の領域の大きな課題でもあります。

　このような関わり手同士の「子ども理解」の共有は、保護者支援の問題へとつながっていきます。保育者や教師の「子ども理解」を保護者との間で共有すること、また逆に、この「わかりにくい」子どもを生み育て、その子と共に暮らしてきた保護者や家族の「子ども理解」を保育者や教師がどのように共有できるのかという問題、そうした「保護者との共通理解」こそが、保育・教育における保護者支援（保護者への発達相談、教育相談）の中心的課題なのです。とりわけ生後の早い段階で医療の側から診断が行われる場合が多い従来型の障がいではなく、「気になる姿」「わかりにくい行動」としてまずは集団保育の場で問題とされることの多い「発達障がい」の

場合、子どもへのアプローチよりも保護者との共通理解が大きな問題となっているケースが少なくありません。保護者にとっても、乳幼児期のわが子をどのような枠組みで理解すればよいのかは切実な課題です。発達障がいについての「理解」は、上述のように状況依存的な要素が大きいため、教科書的な話がどのくらいわが子に当てはまるのか、当てはまっている部分も多いけれど全部が当てはまっているわけではないように思われる、保育所では先生がいうとおりの困った姿なのかもしれないが家ではさほどでもないように思われる……そのような曖昧模糊とした気持ちのなかで、多くの保護者がわが子の「理解」に戸惑っている状況があります。そのような時期に、どんな相談者・支援者と出会い、わが子についてのどんな物語を共有したか(共有できずにすれ違ってしまったか)は、親子の日々の関わりだけでなく、将来にわたる子どもとの関係や家族関係に大きな影響を及ぼします。

　従来からある障がい類型に比べて、成人期以降までをつなげた事例の集積や分析が必ずしも十分とはいえない「発達障がい」の領域ですが、初期の発達相談や教育相談を考える際に、少し長めの先に向けての子どもの発達の展開(伸び)をある程度見通しながら、その始まりの物語をどのように共有することが望ましいのか、今後検討を重ねたいと思います。

第5章
子どもの心の問題にどう関わるか

1.「すごす」という視点

　第3章では今日の学校教育の場をめぐる問題を検討しました。特にその第4節(「コミュニケーションが成立するということ」)では、その場や文脈や関係に支えられて仮に成立している「通じる」ということの一義性が、同時にその背景にある多義性・多層性の可能性を阻害することでもあるという事情について述べました。「通じる」ことの楽さや心地よさは、一方で「そのようにだけ通じ合う」コミュニケーションの惰性、あるいは「もはやそのようにしか通じ合えない」コミュニケーションの閉塞を意味しているかもしれません。逆に「通じない」と感じることの苦しさや心地悪さは、「未知の展開によっていつか通じ合える」可能性に向かって開かれていることを意味します。第3章ではコミュニケーションがもともと孕んでいるこのようなダイナミクスが、ジレンマあるいは矛盾として出現しやすい学校教育という場の特質について指摘した上で、「柔らかく見なす」力を一つの心理臨床的な答えとして提起しました。

　ここでは今日の保育・教育現場のみならず親子関係や家族の問題も含めて、私たちの社会全体が子どもの心の育ちを阻害している問

題を指摘しながら、私たちが回復しなければならないものについて、もう一度、子どもとの具体的な関わりの在り方に立ち戻って考えてみたいと思います。

  めざすこと、すごすこと
  何らかの問題を抱えてしまった子どもたちと向き合っていると、多かれ少なかれ、何かが「できる―できない」ということをめぐる傷つきに行きあたることがあります。今日、子どもに注がれるまなざしが「何かができるかどうか」という点に集中しやすく、子どももそのような周囲のまなざしを取り込んで自身を「できるもの」と思いたい気持ちが強いため、それが子どもの自己形成の中心テーマになりやすいのでしょう。こうした「できるか？ さもなくば、できないか？」という二律背反になりがちなテーマは、「全能感」という精神分析学の指摘する乳児期のテーマともつながり、「全能―無能」の葛藤形成につながっていきやすいものです。このあたりの具体的な問題について検討した肥後（2000）は、「できない」（依存）と「できる」（自立）の間に「いっしょに○○する」（共同性）という世界を想定することが臨床上有効であることを指摘してきました（図14）。この図（肥後 2000を改変）は、私たちが子どもの成長・発達に関わる上で留意しておきたい3つのポイントをまとめて表現したものです。3つのポイントとは次のとおりです。

（1）依存性（できないこと、それゆえに他者と一体化、同一化しようとすること）と自立性（できること、それゆえに他者を離れ

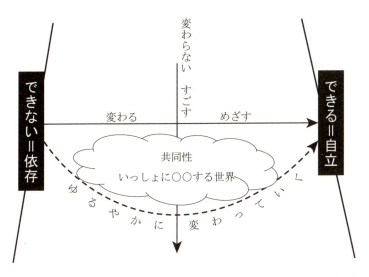

図14 2本のレール（依存・自立）と2つの関わり（めざす・すごす）

て個であろうとすること）は、ともに心理的安定を支えるために生涯にわたって必要な2本のレールであること。
（2）目に見える発達過程は依存から自立へと「変わっていく」ように見えるが、この過程は「共同性」（いっしょに○○する）に支えられていること。
（3）「共同性」の世界が開かれるためには、「効率、生産性」を重視し「変わっていく」ことを「めざす」という関わりの軸ではなく、「ムダ、アソビ、テマヒマ、ヨユウ」を重視し、「変わらない」関係を前提としながら「すごす」という関わりの軸が必要となること。

「何もしないでいる者」から「する者」へ

　乳幼児期から児童期へと進むにつれて、子どもは目的的にあるいは目標志向的に行動するものと見なされることが多くなり、そのような視線の方向に沿って自らを「する者」と位置づけ、「めざす」生活態度を身につけるようになります。クマのプーさんの話として有名なミルン（Milne, A. A.）の童話 *The House At Pooh Corner* において、作者は主人公クリストファー・ロビンに "I'm not going to do Nothing any more."（何もしないでいることはもうできなくなってしまう）といわせ、大好きだった「何もしないでいること」が許される世界に、おそらく自身の分身としてのプーさんを残して（"—— when I'm not doing Nothing, will you come up here sometimes?"）幼児期を去っていきます。学校という場においては、この「めざす」生活態度が特に重視されており、たとえば多用される「めあて」という語は学校生活に特有のものでしょう（もっともそれが販売目標や月間目標といった、その後の「めざす」職業生活の基礎になるのですが）。この「めざす」生活態度は、充実感、達成感、緊張感などにつながっており、私たちの心的生活を構成する重要な柱でもあります。けれども成長するにしたがってめざしたようにはいかないこと、所詮とどかないことが次第に子どもにも見えてきて、それでも「めあて」に向かってめざす生活態度のみを求められると、次第に充実感や達成感よりも緊張感、失敗への不安、「できない」ことや「変わらない」ことからくる無力感も大きくなってきます。

「すごす」軸をもつことの意味

　先の図が提起していることは、学校や社会が形成しようとする「めざす」姿が伸びていくためには、もう一方で「すごす」軸が形成されていく必要があるということです。この「すごす」という関わりが子どもに伝える中心的なメッセージは「変わらなくてよい」「このままでよい」ということであり、「めあて」をもたずにそのとき、その場を人といっしょにすごしたり自分ひとりの世界に浸ってすごしたりすることが肯定されているということでもあります。今日の慌ただしい暮らしのなかで、私たちはついこちらの生活態度を子どもに伝え損なってしまいます。

　この「すごす」ということについて、以下に少し具体的に考えてみましょう。

　不登校など、子どもが学校生活に何らかのうまくいかなさを感じているとき、私たちは子どもの内面を探り、そこに何らかのつまずきの原因や弱さを見出そうとしたり、それを変えようという意図で関わろうとする場合があります。一概にどのような関わりがよいとか悪いとかはいえないのですが、子どもが動かないときにはそれなりに正当な理由があります。そういうとき、たとえわずかにせよ「変わる」ことを求めるメッセージに対して、子どもの心は頑なになります。「変わらなくてよい」といいながら、周囲がどこかでやはり「変わる」ことを模索していると感じたとき、子どもは裏切られているという思いを強くもちます。「変わる」必要性（変わりたい気持ち）を強く感じているのは当の子ども本人であり、そうであるにもかかわらずどうにも動けずに座り込んでいる状況のなかで、

隣に座ってくれた人が「本当は」どう感じているのか、何を促そうとしているのか、肩に置いてくれたその手にどんな力がこもっているのか……といったことに、とても敏感になっています。親にとっても教師にとっても、「変わらなくてよい」と本気で思うことはたいへん困難なことです。とりわけ親が「そのままでいいよ」と、はじめから無理なくいえることはまずないでしょう。「そのうち心が充電されてきて自分から動きはじめますから、しばらくゆっくりと休ませてあげてください」といった多くの専門家の助言は、もちろん概ね穏当なものですが、一方、これに納得できる親、ましてや実行できる親は少ないのではないでしょうか。

「すごす」という関わりの方向性を活かしたアプローチでは、どのようなことがポイントになるのか、考えてみましょう。

子どもが自分で自分の心の声を聞くのを邪魔しないこと

多くの場合、子どもは「(行けるものなら) 行きたい」「(動けるものなら) 動きたい」という気持ちをどこかにもっているものです。それを素直に表現してみることは、ちっとも恥ずかしくないし、たとえやりかけてうまくいかなくても、自分の心の声に素直であろうとすること、それを少しでも表現しようとすることは、勇気のいる立派なことだということを伝えたいのです。もちろん、その逆に「行きたくない」「動きたくない」ということを素直にいえることも同様に大切なことです。つまり「変わらなくてもよい」「無理に変わろうとしないこと、力まないで自分に素直でいられること」が大切なのだということが、子ども自身に何となく理解される

ことが重要であり、そのためには周囲がそうした子どもの素直な在り方を理解し、認め、応援しているということが伝わる必要があります。外からはどんなに不格好で歪んでいるように見えても、子どもが自分らしく自分なりに「まっすぐに」立とうとしていることを、周囲は理解し支援することが大切です。

　子どもが自分で自分の心の声をじっと聞く気持ちになる前に、周囲があまり押したり引いたりしてしまうと、子どもは自分で自分の気持ちがいえなくなってきます。あるお母さんは、夜、家族がみんなで居間にいるとき、不登校中の息子が通りかかりざま"うるさいよ！"と怒鳴るのに驚きました。誰も何もしゃべっていなかったからです。同じような話は実は少なくありません。誰も見ていないのに"じろじろ見ないで！"といわれたり、誰も行っていないのに"今朝、お母さん、学校に居たでしょう"といわれて驚いたという話もあります。

　こうした場合、子どもたちは過剰に他者のまなざしを取り込みすぎていて、一義的に見なそうとする視線や声に縛られている状態にあると考えられます。実際の親の振る舞いとは別に、子どものなかでは親の姿がそのように取り込まれているわけで、彼らが取り込んでしまった親の表象（イメージ）の発する声や視線を見たり聞いたりしているのです。

　多かれ少なかれこういう状態の下では、せっかくの「変わらなくてもいいよ」というメッセージも、それをもっとも伝えにくいのは、実は親であるということも理解しなければなりません。たとえ親がどんなに素直な気持ちで「無理に変わらなくていい」といえた

にせよ、それが親のことばであるというだけで、子どもはまっすぐに受け取ることができないという場合も少なくないからです。自分の状態について、どちらの方向にせよ親が言及したというだけで、それが子どもの内にある親の表象にエネルギーを注いでしまうことになります。それは親子という関係から本質的に生じる歪みや力み（つまりそれを愛情と呼んでもよいのですが）あるいは相互依存性によるのであり、その投影が担任との関係にも及んでいるような場合は、同様に担任の関わりも担任ゆえに奏効しないことがあるでしょう。

　たとえば子どもの行動が、一見大きく自立の側に向かうように見える場合でも、それは情緒的・共生的絆に結ばれた依存のレールから足を離すことになるため、そこにもともと大きな不安が存在する場合は、より大きく依存の側に振り戻すことがあります。振り戻すこと自体は、必要あってのことですから、それほど問題があるわけではないのですが、その往復を繰り返すようだと子ども本人が疲れてしまいます。また先に述べたように素直に依存し甘えることができればよいのですが、そうしたい自分とそうする自分との間に苛立ちや葛藤が生じる場合には、甘えたい気持ちは屈折・反動し、攻撃や反抗という表現しかとれなくなったりします。子どもが不安定になって右へ左へと動いている「感情のシーソー」の反対側に親や教師が乗せられていて（乗っていて）、子どもの動きに合わせて（反発して）左へ右へと動いている、そんな状態に出会うこともあります。まずは大人がこのシーソーから上手に降りることをしなければ、子どもは自分で自分のバランスをとることがいつまでたっても

できないということになるでしょう。

　そうした心理的疲労を伴う「めざす」「変わる」次元から一時的に身を避けてみること……つまり「やりすごす」こと、それも実は「すごす」ことに含まれる大切な意味です。大きな嵐をどのように「やりすごす」か、そういう知恵を身につけることは、子どもが大きくなっていく上で必要な態度あるいは生活能力です。葛藤の存在に目をつぶったり抑圧したりするのではなく、逆にその大きさや激しさを正しく把握できるからこそ、さらにいまの自分の状態を正しくモニターできるからこそ、どのような形でどのような期間、これを避けておくのがよいかということを考えられるということ、それが「やりすごす」ということでしょう。

流れる時間と経験される時間、そして眠った時間

　どのような関わりが「すごす」という軸に移動するために必要な関わりなのでしょうか。このことを考えようとするとき、昔、脳機能障がいのリハビリ病院に勤務していた頃のこと、近記憶に障がいがあり直前にしたことでも忘れてしまうAさんのことを思い出します。Aさんは上下肢に軽い麻痺があるものの、身辺動作は一応自立して行うことができたので、夜のお風呂は病院の広い共同浴場（温泉で職員も利用できます）に入っていました。ところがどういうわけかAさんは1時間あまりも風呂から出てこないため、当時Aさんに付き添っていた奥様が心配はするものの、男性の浴場をたびたび覗くわけにもいかず困っておられました。奥様は風呂から出てくる人々から断片的な情報を集め、Aさんの入浴行動を推測

してみました。その結果、どうやらAさんは一度身体や頭を洗っても、そのことをすぐ忘れてしまうらしく、浴槽と洗い場との間を、入って洗って入って洗って……を繰り返してしまうらしいことがわかってきたのでした。あるとき私もAさんの入浴時間に合わせていっしょに入ってみました。黙って見ていると、なるほど浴槽と洗い場を何度か往復しています。ところがAさんに対して何気なく話しかけ、どうでもいいような内容の会話をしていると、不思議とAさんは"じゃあお先に"といって出て行ってしまうのです。他の職員がやっても同じような結果で、特に"そろそろ出ましょう"といった働きかけをしなくても、自然に話していると自然に出て行く……そういうことが多いことに気づいたのです。Aさんには、おそらく記憶障がいの症状とも関連して、いくぶん怒りっぽいところがあり（特に記憶障がいのリハビリ場面で誤りを指摘されたり認めざるをえないような状況になると）大声を出して職員に怒鳴るような場面もあって、それを他の患者さんたちもたびたび目撃していますので、お風呂のなかでいっしょになっても、ことさらAさんに話しかけようという人はなかったのでしょう。その当時、このエピソードが何か大切な意味をもっているように感じはしたものの、実証的なデータをとったわけでもなく、しかし忘れられないエピソードとして記憶の隅に残っていたのでした。

　いろいろな子どもと出会うなかで、Aさんとのエピソードの意味が少しわかってきました。私たちは単に物理的に流れる時間の上に乗って生きているだけではなく、自身が主体的に生きる時間を創り出しているということです。これを仮に「経験される時間」と呼

ぶならば、その多くの部分は「他者と関わること」によって占められているのではないでしょうか。記憶が障がいされたAさんの場合、一人の世界にいる間、時間は流れることなく円環のように閉じた渦を巻いてしまいます（あるいはそのような時間経験の偏倚のことを記憶障がいと呼ぶべきなのかもしれません）。ところがこれに他者が関わる（他者の時間軸との絡みが生じる）ことによって、時間の渦は解き放たれ、再び流れはじめるのです。そのように他者の時間軸との関係をもつことを通じて、初めて私たちは時間を主体的に経験できるのかもしれない……そんなふうに考えるようになりました。

　第3章1節で論じた問題は（そしてこの本全体を通して私がもっとも考えてみたかったことは）、結局、どのようにすれば、私たちは子どもとの間で流れていく時間を、「経験される時間」として再び共有できるようになるのかということです。学校に行かない生活が長い、ある子どもがこんな風景を語ってくれました。その子の家は核家族で両親とも朝は働きに出ます。きょうだいも学校に行ってしまうので、昼間、その子は家で一人ぼっちです。はじめは寂しいけど口うるさくもいわれないし「これが楽だと思おうとした」と彼女はいいます。けれども「ほら、眠れる森の美女っていうディズニーのアニメがあるでしょ、あのなかでお姫様が眠っている間はお城のすべてのものが、鍋の料理も、火も、時間も、みんな眠ってしまうってとこが出てくるでしょ。あんな感じかなぁ、家に誰も居なくて、私だけが居るって感じ……。夕方、お母さんが帰ってくるの、それで魔法が解けました、みんな色がさぁっとついて動きだす

わけ……」。

　子どもの生きる時間と空間、その「リアリティ」について、私たち大人は責任を負っています。子どもは成長とともに自らにとって必要な心的環境（心理的な空間や時間、内面世界）を自分の内に形成していきます。しかしそれはもちろん外の世界と独立した無関係なものではなく、外的環境世界と密接に相互交渉しながら形成されていくものです。どんな親のもとに生まれ、どんな家庭で育てられ、どんな保育所・幼稚園に入り、どんな先生や友だちと出会い……という具合に成長にしたがって拡大していく物理的・対人的の両面からなる外的環境世界は、もっと引いたアングルから見るならば、時代・文化・社会の大きな流れのなかにあり、子どもたちは、いや私たち自身も、それを自由に選ぶことは基本的にはできません。しかしだからこそ、所与の外的環境世界が本質的に抱えている問題が子どもの内面世界にどのような影響を及ぼすのか、それが現在の子どもの適応上のさまざまな困難とどんなふうに結びついているのか、そんななかで子どもたちがつまずきながらも個々の発達の可能性を実現していくためにどんな支援が必要とされるのか……について、私たちは少し離れた視点から考察してみる必要があるでしょう。

　ここでは「すごす」ことや「生活のリアリティ」について述べましたが、次に「有能感」と「枠組み」という二つの視点から、もう少し考察を進めて本書のまとめとしたいと思います（なおこの点については、拙著『育ち合うことの心理臨床』（同成社、2011年、

129-142 頁、216-218 頁など）でも別の観点からの検討を行いました）。

2. 存在そのものの自信から立ち上げる有能感

自己変革の土台となる有能感とは

　不適応が表面化していない場合でも、自己形成の道程で集積された課題・心理的問題が、子どもの内面で静かに動きだすのは普通にあることです。そうした「やり直し」「再構築」によって生じる心のアンバランス・不安定さは、子どもにとって自然かつ必要なもので、それが次の発達段階への原動力にもなっています。こうした再構築の過程は、自分自身を「見られる対象」としてとらえようとする心の働きに支えられており、そのように「見る主体」でもあり「見られる対象」でもあるという「自己の階層化」が進んでいくプロセスでもあります。外界にある他の対象と同じような距離感のなかに自分自身を置き、これを眺めようとする「主体」の育ちを促すことは、学校教育はもちろん家庭教育も含め、教育という営みの本質的機能の一つでしょう。教育活動では事あるごとに（特に悪いことをしなくても）「反省」あるいは「ふりかえり」が求められます。このような自己を対象化するふりかえり（リフレクション）の視点が育つためには、多少なりとも「批判的な視線」を自分自身に向けるという作業が必要になります。もちろん自己肯定的なふりかえりも必要なのですが、子どもに変わること（成長）を求める教育的視線は、どうしても「これまでの自分に足りないもの、欠けてい

たもの」に気づかせ、それを補いたいという気持ちを奮起させることによって自己成長を促すという方向に傾くのが一般的傾向といえるでしょう。

　子どもたちのみならず、先の見えにくいいまの時代を生きる私たちは、外部の状況変化に応じて、否応なしに自己変革を求められる場合が少なくありません。職を得て仕事に就くことも、配偶者を得て家庭をもつことも、子どもが生まれて親になることも、必ずしも心理的な「安定」に結びつく面ばかりではなく、むしろそうしたことによって求められる自己の役割・技能や果たすべき機能が多様化し、不断の自己変革あるいは再構築を余儀なくされます。グローバル化やICT社会の進展による周囲とのコミュニケーション関係の維持・管理も、この傾向に拍車をかけるものといえるでしょう。

　こうしたアンバランスな自己変革のプロセスを無事に、しかも「きちんと」やり遂げるためには、たしかに自分のものといえる場所、日々自分が生きて「ここに在る」ことの実感がつかめるような場所、自分と世界とのつながりの意味が感じられる場所、そこで翼を休めてはまた飛んでいくことのできるエネルギーが得られる場所……そんな心理的な土台をもっていることがぜひ必要になります。

　子どもが自身の毎日を支えるために必要な有能感を形成するには、「めざす」という軸を逃れた場所……つまり「すごす」という軸において、心的安定感を形成できるような経験を積み重ねていく必要があります。第1章において検討したように、私たちの社会は子どもに「情報やコトバとして伝わる匿名の知識」を与えはしますが、四季折々の自然や地域特有の文化のなかで、大人と生活をとも

にしながら「身体ごと譲り渡す生活者としての知」を伝え損なってきました。現代は子どもにとって、いやおそらく大人にとっても、自らの内に「生活者としての手応え」を感じることが難しい時代なのでしょう。大きくなったら自分もいつか、お母さんのように、お父さんのように、お姉さんのように「なる」ということ。大人と生活をともにしながら大人のすることをなぞっているうちに、それが「身につき」それを「引き継ぐ」者になっていくということ。自分の身体と直に接したリアリティのある環境、人の体温と匂いのする共同性、自分がそこにたしかに在るということと結びついた有能感……そうしたものを心理的な土台として前提することができにくい時代のなかで、またそれに代わる何かを見つけられないまま、保育や教育が行われています。

　いつの頃からか、子どもは学校（勉強）というところを中心とする暮らしをするようになりました。おそらく大人が職場（仕事）というところを中心とする暮らしをするようになることとパラレルであったに違いありません。このようにして次第に家庭で「暮らすこと」の中身が空洞化していったのでしょう。ある日、子どもが学校に行かなくなるという事態を通じて、私たちが出会ってきたもの、戸惑い葛藤してきたものは、みんなが気づかないうちに変わってしまった社会構造のなかで置き去りにされた「生活（暮らす、すごす）ということの価値」だったのではないかと思います。学校の勉強は、もしそれだけのことなら、それをこの時代にしようと思えば方法はいくらでもあるでしょう。集団生活も社会適応も学校でなければならないというほどのことはないかもしれません。私自身は学

校という集団の場がもつ子どもたちにとっての「よさ」を信じる者ですが、だからといって、いじめや体罰といった命や魂を脅かされるような目に遭ってまで行ったり行かせたりする必要はありませんし、ましてやこのグローバル化の時代、校区などに縛られた「その学校」でなければならない理由など、どこにもないでしょう。学習であれ社会性であれ、学校でやることになっている教育内容を、別のどこでどんなふうにその子に保証したらよいかという問題はたしかに重要ではありますが、それは解決すべきメインの課題ではありません。生きていることの手応え、学校に行こうが行くまいが、こうしてここに在ることの意味、世界とつながっている実感、「地に足がついている」感じ……そうしたものをどう掴むか、それが問題なのです。

存在そのものへの自信

できない（依存した）個からできる（自立した）個へと一直線に変わることを求める能力世界の「自信」だけではなく、そこに「すごす」世界、豊かな生活文化に根ざして暮らす共同世界の住人としての在り方を受け継いでいく世界を交叉させることによって「できる」世界の膨らみを作っていくこと、それが子どもを支える真の「有能感」につながるのではないかという議論をしてきました。ここで「すごす」世界に含まれる「共同性」ということについて改めて論じておきたいと思います。

ここでいう「共同性」とは、第2章5節でふれた「公共性」とほぼ同じ意味です。私たちはもう少し初期の段階から子どもが自身を

公共的な存在として感じられるようなメッセージを送る工夫をする必要があるのではないか……子どもと面接をしていてそう感じることがあります。先に長く自宅にいる子どもがどうして生きていなければならないか、という疑問（苦しさ）を口にしたという例をあげました。自分の存在性についての根源的な理由をその子は見出せないでいます。「あなたは自身のためにではなく、もともと人のために存在している」ということを、私たちはどう伝えればよいでしょうか。何かが「できる」からではなく、そこにいるということ（存在）そのものが「有能感」の基盤となっている子どもは一定の心理的強さをもつことになります。逆に「できる」ことが「有能感」の基盤になっている子どもは、それゆえに自信がもてることもあるでしょうが、それゆえに自信を失うことも少なくないでしょう。とりわけ帰属集団が変わること（クラス替え、進学など）をきっかけとして、何かがおびやかされて自信を失うというタイプの子どもと面接する際、たとえば小学校のときはリーダー的存在だったのに、とか、中学のときはだいたい何でもできるほうの子だったのに、といった見方を親や先生から聞かされることがあります。もちろん「できる」ことは悪いことではありませんが、それが「在る」ことの充実と結びつかない場合、できればできるほど「できない」ことと対照・振幅が大きくなり、でき続けるということが本来だれにもできない以上、本人は次第に苦しくなっていくかもしれないのです。

　「できる」ということとは無関係に、「そこに在るということ」＝「存在そのもの」に感謝されて育つということが子どもには必要で

す。生まれてきたとき、いや、お腹のなかにいるときから、両親や周囲の人々に喜びや希望を与える子どもという存在は、もとより公共的な性質をもつものです。そう考えるならば、何かが「できる」ということとは別に、その存在が「公共的」であるということを基盤とすることによって、子どもの「有能感」を形成しなければならないのではないでしょうか。「みんなちがって　みんないい」という句でよく知られる金子みすゞの詩（「私と小鳥と鈴と」）は、一見、小鳥とわたし、鈴とわたしの「できる」ことの違いを対比しているようですが、しかしそれは小鳥が小鳥であること、鈴が鈴であること、そしてわたしがわたしであることによって「できる」のであり、いわば存在そのものの「ちがい」を「みんないい」といっているわけです。どんな存在でも存在そのものが尊いというこの詩の見方が、人々の共感を得ているのでしょう。

　子どもが成長するにつれて、その存在そのものがもともと感謝され祝福されているということ、つまり公共的であり有能であるというメッセージは、子どもの心に届きにくくなります。本来、存在そのものに根ざして形成されるはずの「有能感」は「できる」か「できない」かという一義性のなかに押し込められてしまいがちです。同時に「すごす」生活のなかで実感されていくはずの「実の力（実力）」に根ざした「有能感」を得るのはなかなか難しいという、今日の日々の暮らしの実態があります。

　たいへん大きなとらえかもしれませんが、子どものコミュニケーションをめぐる不全感を考える際に、こういう視点をもっておくことが、遠回りなようで、案外、腑に落ちる解決につながっていくよ

うに思われるのです。

3. 「枠」をめぐるコミュニケーション

再び「説教と子どもの腹立ち」について

相談場面で子どもたちと話をしていると、とりわけ小学校中～高学年くらいの子どもたちから「教師や親に腹が立つ、むかつく」といった話をよく聞きます。第3章3節ではそれを「一義的な取り出し」という点から検討しましたが、彼らの話に耳を傾けていると、おそらくそれだけでは済まないような深いところから来る情緒的なものを感じるのです。彼ら自身もなぜむかつくのかわからないような何かがそこにあり、それを少し柔らかくしてやることが、何より学級での教師－子ども関係を考える上で、また本当は彼ら自身の問題解決にとっても、必要であろうと思われます。

「……ったく、むかつくんだよね。こないだなんか、算数の時間の途中から説教はいっちゃって、いつもと同じやつ……なぜ自分から発表しないんですか？　意見があるのにどうして誰も手をあげないんですか？……から始まって、上級生になるのになんちゃらかんちゃら、児童会の役員ぎめも手をあげた人が少なかったの。自覚とか意欲とか責任感とか……。もうこっちは、はいはいそうですか、早く終わってくださいって感じ。みんな黙って下向いて聞いてる。聞いてないけどね。それで算数の時間は終わっちゃうの。いったい何のために学校来てるんですか？っていいたい感じ」。

小学校5年生の女の子の話です。特に大きな問題や不適応を起こ

しているわけではありません。「何のために？」と彼女はいうけれど、もちろん算数の勉強を楽しみに学校に来ているわけでもないでしょう。ごく普通に「適応している」ように見えるその子ですが、先生が話をしている間中こういう気持ちでいること、つまり一種の「解離」に近い状態でいることが、その「適応」を支えているとしたら、それは何とも危うい状況ではないでしょうか。

　先に少しふれたように保育の世界でも、気に入らないことがあると保育士に毒づく、思うようにならないとまだよくまわらない口で意味もわからないであろう罵詈雑言を吐く、そんな子どもたちに出会うことがあります。小学生ともなればもう一端のヤクザまがいの言動で先生たちを驚かせるようになります。一本の直線上に並べることはできないのですが、そのはてにいま、中学・高校でいわれるところの「新しい荒れ」といわれる非行・暴力・夜間徘徊などの問題行動があります。こうした子どもたちの様子――むき出しの反感・敵意・攻撃性などを他者との間に置こうとするコミュニケーション――を何と表現すればいいのでしょう。また「叱る―叱られる」というコミュニケーションをめぐって子どもたちと上手な関係を作れない私たちの問題はどこにあるのでしょう。

「する―される」関係の二重化

　一般的にいっていまの子どもたちは叱られ下手であり、私たち大人は叱り下手です。この叱る―叱られるということも含めて、子どもと大人の関係は、とりわけ幼少期には「する―される」という関係がその基本にあるといってよいでしょう。養育という観点からす

ると、表面的には子どもが「される者」であり大人が「する者」であるという見方ができますが、一方、たとえば授乳一つをとってみても、子どもに授乳「する」ことによって母親の側も満た「された」気持ちになる、そういう側面を考えれば、「する―される」が入れ替わりながら同時進行していく関係（相互作用関係）こそが育児場面の本質であるともいえます。親子の現実の相互作用場面でさえ、このような意味での二重化が生じているのですが、さらに心理臨床的な観点をかぶせると、相互作用に参加する2人の主体がそれぞれに形成する心的表象世界が出現しており、これがさらなる二重化（多重化）を生じさせていると考えなければなりません。たとえば叱る―叱られるといった場面においては、叱る側の大人は叱っている自分という意識を一方でもちながら、その心的表象世界のなかで、目の前で自分に叱られている子どもにかつての自分を重ねるという二重化が生じていたり、かつて自分を叱った親の表象がよみがえり、これに一体化したりといったことが生じていると思われます。フライバーグ（Freiberg, S.）の造語として有名な「育児室の亡霊」は、育児中の親が自分の子ども時代の問題（主として親との関係）を眼前の子どもと自分との関係に持ち込んでしまうことをいいますが、要するに現実の認知や欲求が心的表象に左右され、自分と子どもとの新たに生きられるべき関係の可能性さえ過去の表象の投影によって埋もれてしまう、そのようなコミュニケーション関係の（精神分析学的）危機を意味するものでしょう。今日の大人‒子ども関係のコミュニケーションにおいて、こうした「する―される」関係のもつ基本的な構造が、どこかで危うくなってきていると

いう事情があると予想されます。

「枠」をめぐるコミュニケーション

「する―される」関係は交替的、相互的、同時的、多重的であると述べましたが、一方、育児、保育、教育という大きな流れを社会化という観点から見るとき、この関係は「枠」をめぐるコミュニケーションであるととらえることができます。子どもが次第に社会化していくということは、その欲求や行動を社会的な枠組みに合わせていくということであり、親や教師はその枠組みを与えていく存在（社会化のエージェント）として一般にモデル化されます。したがってたとえばいまの子どもの叱られ下手、親や教師の叱り下手という問題は、要するにこの枠をめぐるやりとり関係（コミュニケーション）の不全ということを意味していることになるでしょう。

「枠」は心理臨床にとって大切な概念です。それは私たちを育むと同時に閉じ込め、守ると同時に絡めとる役割を果たすものです。私たちの葛藤というものもまた、この枠によってもたらされます。居心地よく感じていたものが窮屈になること、人からまなざされるその視線を生きようとしたり逃れようとしたりすること、人とつながって安定を得たいと願う一方でそれが自分を拘束するものに感じられて苛立つこと……。枠を与えられたり枠に呑み込まれたりすることを受け容れ、枠のなかで育まれることによって自己を形作りながら、その自己が別の枠を求めて動きだす。枠を嫌い憎み恥じ、そして枠を壊したり超えようとするのですが、それはまた新たな枠を探したり自ら作り出したりすることでしかないのかもしれません。

人間の心的発達をこのような側面からとらえるならば、私たち大人と子どもとの関係は、多くの場面でこの枠をめぐるコミュニケーションとして描くことができるでしょう。

　そしてその心理的な「枠」の出発点と考えられるものが「身体」と「ことば」です。「身体」という枠は、自己の出発点としてはじめから与えられた肉体的（物理空間的）制限です。それは外界の環境と交流しながら運動を産み出し声を産み出し、やがてその声がことばになっていくという意味において、身体は精神を産み出すといってよいでしょう。また身体は相似の身体をもつ他者から産み出され、そのような他者から関わられることによって、単なる肉体としての相似を超え、精神を産み出す基盤としての枠（＝身体性）を次第に譲り渡されます。一個の肉体が他者の身体性に巻き込まれ、いわば他者の身体性を一瞬生きてみるという錯覚のなかで、声はことばに整形され、ことばが肉体に宿る……このように他者との関わりのなかで肉体に宿されたことばは、それが声となって産生されるたびに他者から与えられた身体性の枠を再現してしまいますが、同時に今度はことばそのものが背後にもっている別の枠を身体に持ち込むようになります。たとえば日本語には日本語の音韻体系があり、子どもの不完全な発音ははじめは容認されても次第に修正を求められるようになり、正しい音韻体系という外的基準に合致するような音を発するよう、肉体を統制することが暗に求められるようになります。

正対性——人とまっすぐに向き合える身体とことば——

　宮崎駿監督が 2001 年に発表して多くの話題をさらった映画「千と千尋の神隠し」は、思春期の入口にさしかかる児童期後期（前思春期）の子どもの心理に関するさまざまな示唆に富んでいます。宮崎監督によればこの映画は「……善人も悪人もみな混じり合って存在する世の中ともいうべきなかへ投げ込まれ、修行し、友愛と献身を学び、知恵を発揮して生還する少女のものがたり」であり、それは「彼女が生きる力を獲得した結果」なのだといいます。冒頭のシーンで父親と母親が乗る車の後部座席に、だるそうに寝転がりブーたれている主人公が突如、湯婆婆という魔女の支配する世界（宮崎監督のいう「世間」）に投げ込まれ、内部から目覚め、生きていることのリアリティを獲得していく過程が見事に描かれています。この映画が現代の子どもの育ちや親子関係について考えさせてくれる点については他所に書いたので（肥後 2002b）、ここではこれまでの議論に関連する「正対性」という概念についてふれておきたいと思います。

　湯婆婆の営む油屋は土俗信仰の神々が訪れる異界の風呂屋です。その風呂屋で千尋は働くことになるわけですが、もちろん働きたくて働くのではなく、そうしなければ魔法の力で豚に変えられて食われてしまうからなのです。けれども映画を冷静に見ればすぐわかるように、魔法使いの経営する風呂屋という特殊な状況にもかかわらず、千尋に与えられた仕事の内容は驚くほど一般的なものです。階段の昇り降り、荷物運び、雑巾がけ、風呂掃除……こんなものが映画になるのかというほど、たいへんオーソドックスな家仕事の数々

……もっとも一昔前ならば、の話でしょう。しかし現代を生きるありふれた少女として描かれた主人公にはそんな経験があるはずもなく、無様な姿をさらしながら、しかし懸命に「仕事」に打ち込んでいきます。ブーたれたり、嫌だといったりすれば、たちまち食われてしまうほかないのですから。そうした理屈抜きの状況のなかで身体を動かすうち、千尋の身は「再構築」されていきます。後半、カオナシという妖怪に追われるシーンがありますが、そのときの主人公の身のこなしは明らかに登場時の及び腰とは違っているのです。

　こうした千尋の身の再構築がもっとも見事に描かれているのは、実は対人的な場面での「姿勢」です。恐る恐る働かせてほしいといいはじめた頃の主人公は、湯婆婆に「そんなヒョロヒョロの手足で何の仕事ができるんだい」といわれたように、いかにも役に立たなそうに歪んで立っています。世話になった釜爺に礼もいわずに、のそのそと立ち去りそうになって先輩格のリンに叱り飛ばされます。要するに「人の前にまっすぐ立つ」「人と正対する」ということができない、そういう身体なのです。この映画はそんな主人公の身体が作り変えられ再構築されていく様子を、主人公の「姿勢」を通して実にうまく描写しているのです。

　「人と正対する」ことのできる身体をもつということ、意志の力に満ちた張りつめた身体をもつということ、そこから「声」が、「ことば」が産み出されるということを考えさせられます。"ゼロになるからだ　充たされてゆけ"と主題歌は歌っています。身体性と言語性、そしてその対人的表われとしての「正対性」、そういう概念を心理臨床の見立てにおいて使用していける水準に鍛えていかな

ければならないと感じます。

子どもと共に生きる豊かな時間を
　子どもが育つまでに大人のできることは、それほど多くはありません。大人の暮らしを見直して、もう少し子どもの生活にとって意味のある存在として、大人自身を位置づけなおしてみる必要がある……いまの子どもたちをめぐるさまざまな問題は、そんなことを訴えかけているように思われます。この章では本書のまとめの意味も込めて、子どもの心の問題へのアプローチについて、その視点となりうる概念をまとめてみました。特に子どもの有能感、あるいは自己肯定感を、「できる」「めざす」「変わる」といったことからではなく、むしろその逆に「在る」「すごす」「変わらない」といった生活者としての土台を築いていくことから形作っていくことの意味について、心理臨床の立場から整理しました。そのような子どもとの豊かな時間を取り戻すことを通じて、私たちは大人としての自身の生き方を見直し、まだ気づいていない豊かさの可能性を実現できるかもしれないのです。
　現代の社会は、ひところのように、四年制の大学を出れば一定の就職が可能だった時代はとうに過ぎ、いわゆるシューカツ（就職活動）のスキルを鍛えても、望む仕事になかなか就けないケースが増えてきました。またたとえ就職が決まっても、1年も経たないうちに辞めてしまう若者も少なくありません。こんなふうに、うまく職に就くことができないという事態に当面するケースが多くなるなかで、浮かび上がってきた問題が、成人の生活者としての力です。そ

ういう場合は、臨時的な仕事に就いてひとまず一定の収入を確保したり、目標に向かって新たな学びに挑戦したり、ということが中心にはなるのでしょうが、同時に、その日を「暮らす者」として、たとえばきちんと食事をすること、自分の身のまわりの始末（掃除や洗濯や片付け）をすること、家の手伝いをすること、近隣の社会に対する役割を果たすこと……などなど「生活者として」しなければならないことがあるはずです。

　子どもの頃からの「学習者としての育ち」は中学、高校、専門学校・短大・大学へと続いていき、それが「職業人」へと接続していきます。これがうまくいく場合には「生活者としての育ち」の弱さは、露呈せずに済むのかもしれません。もちろんやがて家庭をもち子どもとの生活が始まったとき、本書で見てきたような問題が展開していくことになるかもしれません。にもかかわらず、やはり国策として求められる教育は「知識基盤社会」においてグローバルに活躍することができ、イノベーションを生み出すような人材育成ということに傾いていきます。「できる・めざす・変わる」教育は、学習者としての育ちを基盤として生産性の高い職業人を育成する教育であり、それはもちろん重要な教育の価値の一つです。

　しかしそうであるならなおさらのこと、その土台として必要なものは何かということを考えてみる必要があります。またそれよりも重要な教育の価値は、一人の人間がその発達の可能性を十二分に開花させ、人との比較ではなく「個」として幸せな一生を「すごす」ということであり、それを支援することでしょう。本書では、その根底にあるべきものの心理的な由来、その育ちの風景と現代的な危

機、その支援をめぐる心理臨床的な関わり方の視点について考えてきました。同時に保育・教育のなかでのコミュニケーションとその障がい（通じ合うこととその困難）について検討してきました。残された問題は多々ありますが、とりわけ「学び」をめぐっての「共同・協同」（80〜81頁参照）ということについては、今後さらにさまざまな教育実践にふれ、事例を集積しながら、改めて取り組んでみたいと考えています。

参 考 文 献

ボウルビィ,J.(黒田実郎ほか訳)(1991):母子関係の理論I.岩崎学術出版社.

ボウルビィ,J.(黒田実郎ほか訳)(1995):母子関係の理論II.岩崎学術出版社.

コール,J.D.ほか編(小此木啓吾監訳)(1988):乳幼児精神医学.岩崎学術出版社.

フロイト,S.(懸田克躬ほか訳 1969-1983):フロイト著作集 1, 3, 5, 6, 7, 10.人文書院.

浜田寿美男(1988):ことば・シンボル・自我.岡本夏木編著「認識とことばの発達心理学」3-36頁,ミネルヴァ書房.

肥後功一(1992):子どもとおとな,そして学校.井原栄二ほか編「学校での暮らしとコミュニケーション」,明治図書出版.

肥後功一(2000):コミュニケーション障害を産み出す見方.大石益男編著「改訂版コミュニケーション障害の心理」,同成社.

肥後功一(2001):送ることば―臨床過程における対象共有としての「申し送り」の分析―.島根大学教育学部紀要(人文・社会科学編),第35巻,63-70頁.

肥後功一(2002a):"気になる子"の心理臨床的理解(第一報)―保育者による"気になる子"の記述から―.島根大学教育学部附属教育臨床総合研究センター紀要,第1号,61-77頁.

肥後功一（2002b）：何を糧として子どもは育つのか―映画「千と千尋の神隠し」に学ぶ保育のあり方―．出雲で子どもを語る会編著「人間 本気で子どもを語る」，154-170頁．

肥後功一（2011）：育ち合うための心理臨床―親と子の心を支える保育実践のために―．同成社．

金子みすゞ（矢崎節夫編）（1984）：わたしと小鳥とすずと―金子みすゞ童謡集．JULA出版局．

マーラー，M. S. ほか（高橋雅士ほか訳）（2001）：乳幼児の心理的誕生―母子共生と個体化．黎明書房．

Milne, A. A. (1974) When We Were Very Young. — The House At Pooh Corner. Methuen Children's Books.

三島二郎（1982）：発達助成の原理VIII 使用―活性化の原理．学術研究（早稲田大学教育学部），第31号，19-33頁．

大石益男ほか編著（1991）：コミュニケーション障害とその援助．明治図書出版．

大石益男編著（1995）：コミュニケーション障害の心理．同成社．

小此木啓吾・渡辺久子編（1989）：乳幼児精神医学への招待．別冊「発達」9号，ミネルヴァ書房．

ロージァズ，C. R.（堀淑昭ほか訳 1966-1967）ロージァズ全集 1, 2, 3, 4, 8, 10, 13．岩崎学術出版．

ヴィゴツキー，L. S.（柴田義松訳）（2001）：新訳版 思考と言語．新読書社．

おわりに

　私たちの時代は「異質性」をめぐって進歩しているのだろうか。子どものコミュニケーションに関するさまざまなシーンを心理臨床的に検討してきた本書の議論を閉じるにあたって、そのような思いが去来します。少し唐突な感じをもたれるでしょうか。
　第1章の新米のおばあちゃんにとって子育てを負担に感じる世代の感覚は異質なものであり、この話を始点として第1章では生活というものをめぐる時代感覚の変化（異質化）の状況を分析的に取り上げるとともに、子どもという不可解な存在の理解をめぐって、自分の内に対象との連続性（やりかけの自分＝同質性）を見出すことの重要性について検討しました。第2章では子育ての現場に取材しながら、近感覚型コミュニケーションの不全という問題を取り上げ、「同じ（同質性）―ちがう（異質性）」の問題を軸に公共性や社会性という問題までを射程に入れた検討を試みました。第3章ではこの問題（同じであることと、ちがっていること）を、コミュニケーションにおける2つの極に位置づけ、それぞれの心理臨床的意味について検討することを通して、学校という世界で子どもたちが感じている不全感（世界の平板化、単層的なまなざし）について考えるとともに、教育という営みがもっている「異質性」への本質的なまなざしと、それを超えて拓かれうるであろう教育の世界でのコミュニケーションの可能性について述べました。さらに第4章では

「気になる」という異質感を正面から取り上げ、その「わかりにくい」感じを生理・病理仮説によって「定着」させることによってはなく、その像に含まれている現象の本質を敢えて不安定な条件下（状況依存性）において見出し、関わりの糸口を見つけていく試みについて検討しました。また一見、状況に左右されない記号関係の学習であるように思われる言語コミュニケーションについても、その本質的な成立は状況（関係性）に依っていることを確認し、気になる子どもとのコミュニケーションや保護者支援のポイントについて整理しました。最後に第5章においては、自分自身を常に今とは異なる自分に向かって変化させようとする自己実現の方向性（変わる／めざす）と、今のまま保とうとする（変化していく自分をこれまでの自分に「変わらぬもの」として統合しようとする）自己実現の方向性（変わらない／すごす）について検討しました。

　以上のように本書の全体を通しての一つの目論見を（それが成功しているかどうかはともかくとして）振り返るならば、冒頭の私の思いについてご理解いただけるのではないかと思います。自分（個あるいは己）という意識にとらわれ、身体のみならずことばという壁で自己を囲い込んでしまうように育つ私たちにとって、コミュニケーションとは、通じ合えない他者との間に何らかの共有を作り出すことから始まり、同じかもしれないという同質性の仮定あるいは幻想を次第に信じていくプロセスとして描かざるをえない側面があります。その手がかりとなるものは、本来、同じ種として生まれたことに発する身体的同型性（遺伝的生理的諸条件）、そしてそれを基盤として獲得することが期待されるコミュニケーション手段（表

情やことばなど)のみです。ですからこの両方に根ざした「同じ―ちがう」の感覚に、私たちはことさら敏感にならざるをえません。

　ボーダレス、グローバル、異文化コミュニケーション、価値の多様化などなど、私たちの周りは異質性を受け容れ相互理解を深めるべき方向性を示唆する語に満ち溢れています。とりわけ今日叫ばれているところのグローバル人材の育成とは、外見や習慣、言語や文化や価値観の違い（異質性）を認識しながら、それでもなお相手と自分との間に"同じさ"（通じ合う可能性）を見出すことのできる人のことを言うのでしょう。にもかかわらず、このところのニュースの伝えるところは、むしろ反対に異質性への不寛容を意味するものが増えているように思えてなりません。極端な宗教的原理主義に基づくテロ集団、ヘイトスピーチ、障がい者に対する姿なき加害、混雑する電車に乳母車や泣く赤ん坊が乗り込むことへの非難……すべてを同じ次元に還元して論じられるほど単純でないことは言うまでのないのですが、いずれもどこかにコミュニケーション障がい（通じ合えなさ）の本質につながる不寛容（ちがっていることへの拘泥）の響きが含まれているようにも思われます。

　本書の初版（2003年）から11年が経った今日、子どもをめぐるコミュニケーションの問題は、上述のような社会的状況の下、小1プロブレム、中1ギャップ、いじめによる子どもの自死、虐待件数の増加など多くの問題が新しく生じこそすれ、改善の兆しはなかなか見えてきません。2011年には同じく同成社から『育ち合うことの心理臨床―親と子の心を支える保育実践のために―』を上梓しました。私にとって2冊目となるこの単著は、本書（初版）を理論編

とする、いわば応用編に位置づけられるもので、乳幼児期の子どもの心の育ちをテーマに、家庭（親子関係）や保育所・幼稚園での通じ合いや育ち合い、あるいはその困難に焦点を当て、主に保育者に向けて書いたものでした。幸い保育現場からのご支持を得て版を重ねることができましたが、今度はこの応用編の側から見たとき、元の理論編について、現在の保育・教育をめぐる状況も踏まえて、もう少し深めて書いておくべき事項や記述を再検討すべき箇所が気になってきたのでした。ありがたいことに同成社から本書改訂のお話をいただいたのは、ちょうどそのようなタイミングでした。

　結果について正直に申し上げるならば、自著の改訂というのは、書き下ろしとはまた別の大きな壁が在るものだということがよくわかりました。過去に書いたものとはいえ、自分のことばである以上、なんとでもなるように思っていたのですが、自分のことばであるにもかかわらず、しつこく頑固で取組みにくい「異質性」の塊であることが次第に明らかになり、改訂作業は大幅に遅れてしまいました。なるほど、やはり自身との通じ合えなさが、私にとって最大のコミュニケーション障がいだったのかと自覚させられた次第です。

　本書の生みの親であり、改訂をお勧め下さった山脇洋亮前社長にはもちろんのこと、同成社の佐藤涼子社長、遅々として進まぬ改訂作業を励まし続けてくださった編集部の三浦彩子さんに、心からのお詫びとお礼を申し上げます。

2014年　出雲國　神在月に

肥後　功一

改訂版 通じ合うことの心理臨床

――保育・教育のための臨床コミュニケーション論――

■著者略歴■

肥後功一（ひご こういち）

1958年　北九州市門司区生まれ。
1983年　早稲田大学大学院文学研究科博士前期課程心理学専攻修了。
伊豆韮山温泉病院言語療法士、国立特殊教育総合研究所（当時）研究員を経て2003年4月より島根大学教育学部教授。2012〜14年度は同大学理事・副学長（教育・学生担当）を務める。専門は教育臨床心理学、発達臨床心理学。臨床心理士。
主要著作
『コミュニケーション障害とその援助』1991年、『学校での暮らしとコミュニケーション』1992年、『社会での暮らしとコミュニケーション』1993年（以上、共編著、明治図書）、『改訂版 コミュニケーション障害の心理』（2000年、大石益男編著、分担執筆、同成社）、『育ち合うことの心理臨床』（2011年、同成社）。

2015年2月28日発行

著者　肥後功一

発行者　山脇洋亮

印刷　三美印刷㈱

製本　協栄製本㈱

発行所　東京都千代田区飯田橋4-4-8　（株）同成社
（〒102-0072）東京中央ビル
TEL 03-3239-1467　振替 00140-0-20618

ⒸHigo Koichi 2015. Printed in Japan
ISBN 978-4-88621-688-5 C3037